Dog

사람과 개가 함께 나눈 시간들

Dog

사람과 개가 함께 나눈 시간들

이강원 · 송홍근 · 김선영 지음

머리말

어릴 적 우리 집은 말 그대로 동물의 왕국이었다. 마당에는 많은 종류의 개와 고양이가 뛰어다니고 한 구석 엉성한 펜스 뒤에는 병아리가 날갯짓하는 그런 집이었다. 학교를 파하고 집에 오면 배추를 잘라 할아버지와 함께 병아리에게 모이를 주었고 새벽에 녀석들의 울음소리를 듣고 잠을 깨곤 했다. 하루는 집에서 키우던 스피츠견 빠루가 펜스를 넘어 소중하게 키우던 닭을 잡아먹은 것을 알고는 한참을 울었던 기억이 지금껏 생생하다.

마당 공터에 아버지를 졸라 작은 연못을 만들어 비단잉어와 금붕어를 키워 보기도 했다. 연못에 냇가에서 잡은 이름 모를 조그마한 물고기도 넣어 보았고 어머니가 추어탕을 끓이려 사놓은 미꾸라지도 풀어 넣어 보았다. 살아 있는 모든 것을 좋아하던 가족 덕분에 많은 동물을 키워 볼 수 있었다. 지금 돌이켜 생각해보면 어린시절 아름다운 추억을 남겨주신 부모님께 감사할 따름이다.

그런 행복한 추억 때문에 기꺼이 축산학을 전공으로 선택했고 석사, 박사학위까지 즐겁게 취득할 수 있었다. 요즘은 성냥갑 같은 아파트에 산다. 직장일로 바쁘고 공부할 것도 많아 예전처럼 많은 개를 키울 수 없지만 개와 함께한 아름다운 시간들은 마음 한곳에 소중하게 남아 있다.

개를 키우고 또한 개를 공부하고 연구하면서 내가 느낀 경험과 익힌 약간의 지식을 글로 남겨 많은 사람과 공유하고 싶은 바람이 들었다. 3년 전부터 그런 마음을 가졌는데, 불민한 탓에 계속 미루다가 이제야 책으로 내게 되었다. 실로 감개무량할 따름이다.

이 책은 개를 다룬 학술서나 딱딱한 책과는 크게 다르다. 동서고금을 종횡무진 오가는 '개 역사책'이라고 할 수 있다. 아무쪼록 이 책이 개를 좋아하는 사람이 더욱 늘어나는 계기가 되길 간절히 기원한다.

사자나 호랑이 같은 맹수, 물고기, 우리 주변의 새 이야기를 스핀오프 형식으로 넣었다. 동물 이야기엔 살아 있는 모든 것을 사랑하는 저자들의 마음이 담겨 있다.

이 책을 쓰는 데 많은 애견인으로부터 정보와 사진을 지원받았고, 건국대학교와 전북대학교의 동물생명과학대학, 수의과대학의 교수님들로부터도 지도와 편달을 받았다. 이 책을 위해 도움을 주신 모든 분께 고개 숙여 감사인사를 드린다.

빠른 시간 안에 개 이야기를 담은 두 번째 책으로 다시 찾아뵙기를 기대한다. 열심히 자료를 모으고 공부를 하려 한다.

2012년 5월
인천 바닷가에서 갈매기 소리를 들으며
동료를 대표하여
이강원

추천사

예로부터 개는 사람과 가장 친숙한 동물이라는 데 이의를 제기할 사람은 없을 것이다. 나 또한 어린 시절 개를 기르면서 많은 것을 배웠고, 아름다운 추억을 많이 간직하고 있다. 이름이 잭(Jack)이었던 그 녀석은 비록 족보가 없는 잡종견이었지만 아주 영리하였고 나를 잘 따랐으며 거의 7년간을 친구로 지냈다. 중학교 2학년 봄 어느 날 도둑이 던져놓은 독극물이 든 음식을 먹고 힘겹게 숨을 쉬다가 죽은 잭을 울면서 지켜보던 내 모습이 지금도 눈에 선하다.

오랫동안 우리나라 사람들에게 개는 애완용과 식용이라는 두 얼굴을 가진 존재로 인식되어 왔다. 하지만 점차 산업화가 진전되고 개인주의가 팽배하면서 사람들은 애완용으로 개를 기르게 되었고 이제는 반려동물로서 그 위상이 더욱 공고해졌다.

내가 알고 있는 개에 관련된 이야기는 무수히 많다. 요즘도 주인과 가족처럼 지낸다든지, 주인에게 충성을 다한 개에 관한 미담이 끊이지 않는다. 그럼에도 불구하고 개에 관한 이야기를 담은 책이 별로 없었는데, 이번에 이강원 박사가 재미있는 글을 써주어서 무척 반갑다.

이 박사는 공직에 근무하면서 눈코 뜰 새 없이 바쁜 나날을 보내면서도 개에 관하여 관심을 갖고 꾸준히 자료를 모으고 잡지에 글을 기고하더니 2010년 8월 이를 학위논문(애견산업 육성을 위한 입법방향에 관한 연구)으로 승화시켰고 올해에는 한걸음 더 나가 책까지 내게되었다. 개에 관한 각별한 열정과 애정에 새삼 경의를 표한다.

　이 작은 책 한 권이 부디 애견이 반려동물로서의 위상을 새롭게 확립함은 물론, 팍팍한 삶을 사는 우리들의 착한 심성이 회복되는 데기여하게 되기를 진심으로 기원한다.

건국대학교 부총장
(前 동물생명과학대학 학장)
한성일

차례

제1장

애완견 그룹

1. 중국 황실의 대표 애견 페키니즈

수사자와 암원숭이 사이에 태어났다는 전설의 개, 페키니즈

페키니즈(Pekingese)의 외모는 '독특하다'라는 말 외에는 달리 표현할 방법이 없다. 눈은 빠질 듯이 툭~ 튀어나왔고, 코는 어느 곳에 붙었는지 분간하기 어려울 만큼 움푹 들어갔으며, 돌출한 이마는 심한 '짱구'다. 얼굴을 빤히 들여다보면 웃음을 참기 어려운 얼굴이다. 정말 웃기게 생긴 녀석이다.

페키니즈는 보통 사자의 털 색깔 같이 짙은 황금색이 대부분인데, 드물게 흰색도 있다. 이런 화이트 페키니즈는 1990년대 중반 우리나라에서 '힙페키'라는 애칭으로 크게 유행한 적이 있다.

필자는 페키니즈처럼 코가 짧은 품종이며 우스꽝스러운 외모를 가지고 있는 시추(Shi Tzu)를 오랜 기간 동안 많이 키워보았지만, 그래도 모든 개들 중 가장 웃기는 얼굴을 고르라면 단연 페키니즈가 1위일 것 같다.

페키니즈에는 사자와 관련된 몇 가지 전설이 전해져 내려오고 있다. 옛날 옛적 수사자와 암원숭이가 주변의 극심한 반대에도 불구하고 서로 깊은 사랑에 빠져 새끼를 낳았다. 그런데 그 녀석이 바로 페키니즈라고 한다.

페키니즈는 아빠인 사자로부터는 멋있는 황금색 털을, 엄마인 원숭이로부터는 얼굴과 뒤뚱거리는 특유의 걸음걸이를 물려받았다고 한다. 페키니즈를 자세히 살펴보면 그 전설이 맞는 것 같기도 하다.

또 다른 전설은 이렇다. 수사자와 암컷 마모셋 원숭이(Marmoset)가 사랑에 빠졌다. 그런데 몸 크기가 너무나 현격히 차이가 나서 서로 사랑하는 것이 힘들었다고 한다. 할 수 없이 두 녀석들은 결국 부처님을 찾아가서 "우리 서로 비슷한 크기로 만들어 달라"고 소원을 빌었다고 한다. 이 소원을 들은 부처님은 둘의 사랑을 위해 마모셋 원숭이를 사자처럼 크게 만들어주지 않고, 대신 사자를 마모셋 크기로 줄여주었다고 하는데, 이렇게 축소된 사자가 바로 페키니즈라고 한다.

이런 재미있는 전설 덕분인지 중국에서는 지금도 페키니즈라는 영국식과 함께 사자개(獅子狗, Lion Dog)라고도 부른다. 실제 사자의 용맹성을 가진 악령을 물리치는 개로 널

중국의 가정집, 음식점, 사무실 등에는 사악한 기운을 물리칠 목적으로 사자개 그림을 걸어 놓는 경우가 많다. 우리나라에서는 이런 중국풍의 사자개 대신 호랑이 그림을 집에 붙여 놓기도 한다. 이 그림은 중국인이 운영하는 음식점에 있는 것이다.

리 알려져 중국에서 수천 년 동안 오랫동안 매우 귀하게 키워졌다.

페키니즈가 사자, 원숭이의 자손이라는 전설을 굳이 거론하지 않더라도 녀석의 얼굴은 원숭이와 많이 닮았다. 신세계 원숭이로 불리는, 중남미 원숭이인 타마린(Tamarin)의 얼굴 모양은 페키니즈와 놀라울 정도로 흡사하다.

페키니즈가 사자의 후손이라는 전설을 곧이곧대로 믿는 사람은 없을 것이다. 뚱뚱하고 몸놀림이 둔한 팬더(Panda)가 어느 날 훌륭한 쿵푸 스승을 만나 절대 고수가 되어 악당을 물리치며 세상을 구하는 쿵푸 팬더(Kung Fu Panda)처럼 재밌기는 하지만 믿기에는 어려운 측면이 많다. 그렇지만 페키니즈와 관련하여 이렇게 재미있는 전설들을 만들어낸 중국인들의 상상력 하나만은 높이 살 만하다.

사자개 그리고 페키니즈

중국의 민화, 조각, 탈에는 사자(獅子)라는 이름을 가진 동물이 곧잘 등장한다. 하지만 이런 사자들은 우리가 아는 현재의 아프리카 사자와는 모습이 많이 달라 의아스러울 때가 있다. 중국의 옛날 사자들은 익살스럽고 해학적인 얼굴을 가지고 있다.

바로 특이한 외모의 소유자인 페키니즈와 꼭 닮았다. 중국뿐 아니라 티베트, 일본 그리고 우리나라 등 동아시아 국가들에서도 페키니즈를 닮은 이런 동물들을 옛날에는 사자라고 일컬었다.

액션배우 리롄제(李連杰, 한국식: 이연걸)를 세계적인 액션스타로 만든 <황비홍(黃飛鴻)>이라는 무협 영화가 있다. 이 영화는 첫 편이 인기를 얻자 계속 제작되어 시리즈물이 되었다. 그중 사자춤을 배경으로 한 <황비홍 사왕쟁패(獅王爭霸)>는 내용도 흥미롭지만 영화에 등장하는 화려한 사자춤은 보는 이의 혼을 쏙 빼놓을 만큼 화려하고 재미있다.

필자가 짬뽕을 먹고 싶을 때 한 번씩 가는 중국음식점의 사자 조각상 사진. 그런데 이게 사자가 맞나? 필자의 눈에는 사자처럼 생긴 개, 사자개처럼 보인다.

그런데 이 영화의 사자춤에 등장하는 사자도 진짜 사자보다는 페키니즈 혹은 시추(Shih Tzu)같이 중국에서 오랜 기간 사자개 역할을 한 녀석들과 더 많이 닮았다.

티베트 임시정부 국기는 설산사자기(雪山獅子旗, Snow Lion Dog)인데, 그 깃발에 그려진 사자도 아프리카 사자가 아닌 사자개의 형상이다. 독실한 불교 국가인 티베트에서는 라사압소(Lhasa Apso)가 사자개 노릇을 했는데, 중국의 사자개와 마찬가지로 귀신을 물리치고 액운을 쫓아내며 복을 가져오는 상징으로 여겨졌다. 티베트에서는 라사압소가 윤회 중 환생하지 못한 라마승이라고 믿는다. 녀석은 오랫동안 신처럼 추앙받았었다. 이 라사압소는 시추 탄생에도 상당한 역할을 한 것으로 알려져 있다.

일본 에도막부(江戶幕府) 창시자 도쿠가와 이에야스(德川家康)의 묘소가 있는 도쇼구(東造宮) 신사에는 사자개의 형상을 한 코마이누

(狛犬, 高麗犬) 석상 한 쌍이 서 있다. 이 석상은 신사를 지키는 수호자 노릇을 하는데, 코마이누 석상은 교토의 코잔사(高山寺)를 비롯한 일본 전국의 사찰과 신사에도 한 쌍씩 서 있다. 중국, 티베트에서 왕실, 사찰의 액운을 물리치는 용도로 사용한 사자개와 일본의 석상 코마이누의 역할은 비슷하다. 코마이누라는 명칭 때문에 고구려나 고려에서 일본으로 전래된 문화라고 주장하는 이들도 많다.

청나라 때에는 페키니즈를 특히 귀하게 여겨 황제나 황족이 죽으면 그들이 키우던 페키니즈를 주인과 함께 순장하기도 했다. 또한 서민들은 감히 존엄한 페키니즈를 함부로 키울 수도 없었다. 만약 이를 어기고 몰래 키우다가는 중한 벌을 받았다고 한다.

그런데 페키니즈가 진짜 악령을 물리치는 주술적인 힘이 있을까? 궁금하신 분은 직접 페키니즈를 키워보시길 권해본다.

아편전쟁의 전리품이 되어 버린 가련한 페키니즈

2차 아편전쟁과 페키니즈

페키니즈가 인간의 친구가 된 것은 상당히 오래 전 일이지만, 중국 어느 황실에서부터 페키니즈를 개량했고, 그 혈통을 고정했는지에 대한 문헌적인 기록은 남아있지 않다. 하지만 영국, 프랑스, 일본 등 19세기 이후 제국주의 열강의 침탈을 겪은 중국의 근현대사를 살펴보면 페키니즈가 언제 어떻게 지금과 같은 품종이 되었는지는 알 수 있다.

역사의 모순이라고도 할 수 있겠으나 참혹했던 중국 근현대사를 통해 페키니즈는 중국 황실의 전용물에서 전 세계 애견인이 사랑하는 개로 새롭게 태어난다.

중국 청(淸) 황실에서 호의호식하며 잘 살던 페키니즈의 운명을 하루 아침에 바꾼 사건은 다름 아닌 아편전쟁(Opium Wars)이다. 더 정확히 말하면 애로호 전쟁(Arrow War)으로 불리는 제2차 아편전쟁(1856~1860)이 이 녀석들의 운명을 하루아침에 송두리째 바꿔버렸다.

19세기 초반 중국의 차는 유럽 특히 영국에서 상당히 인기가 높아 영국의 서민들도 수입한 중국산 차를 마셨다. 하지만 영국은 자급자족 형태의 국가경제를 유지하던 청에 딱히 수출할 물건이 없었다. 영국은 매년 상당한 양의 은을 차 값으로 청에 지불했고, 대청 무역적자는 계속 늘어만 갔다.

영국은 정상적 교역으로는 무역수지를 개선할 방법이 없다고 판단하고, 중독성 강한 아편을 식민지 인도에서 대량생산한 후 이를 밀무역을 통해 청에 유통시켰다. 영국의 부도덕한 시도는 대성공을 거뒀고, 청의 길거리에는 아편 중독자가 넘쳐났다. 은본위제를 채택해 국가재정을 운영하던 청으로서는 아편 대금으로 은이 해외로 유출되는 것은 화폐가 부족해지는 심각한 재앙이었으며 1820년대 들어 상황은 더욱 악화되었다.

청나라는 아편의 대유행을 체제 도전으로 인식하고, 당시 황제 도광제(道光帝, 재위 1820~1850)는 강경한 대응을 지시한다. 흠차대신이었던 린쩌쉬(林則徐)는 아편 거래가 활발하던 광저우(廣州)로 가 영국 상인이 유통하려 했던 아편 2만 상자를 몰수하고, 이를 불태운다.

이러한 청의 강경책은 전쟁 명분을 찾던 영국에게는 절호의 기회였다. 1840년 시작된 아편전쟁에서 당시 세계 최강 영국군 앞에 청나라 군대는 상대가 되지 못했고 제대로 된 저항 한 번 하지 못하고 1842년 항복한다.

아편전쟁 패배로 중국인이 느낀 굴욕감은 대단한 것이었다. 중국은 스스로를 세상의 중심인 중화(中華)라고 여겼고, 자신들의 황실은 하늘이 세운 것이라면서 천조(天朝)라고 부를 정도로 수천 년 동안 대단한 자부심을 갖고 살아왔었다. 그런데 이렇게 자부심 강한 중국인들이 노란 머리에 푸른 눈을 가진 서양 오랑캐(西夷)에게 맥없이 무릎을 꿇는 굴욕을 당한 것이다.

아편전쟁 이후 영국에 대한 중국인의 적대심은 광둥(廣東)을 중심으로 확산되어 영국 상품은 가급적 사지 않는 분위기가 팽배했고, 그동안 아편 대금으로 많은 은이 유출되어 중국 백성들은 물건을 살 여력이 없었다. 결과적으로 영국은 승전은 했지만 별다른 경제적 이익은 보지 못했다.

그러나 1차 아편 전쟁 종료 후 얼마 되지 않아 영국에게는 뜻밖의 기회가 찾아온다. 1856년 10월 8일 청나라인 소유의 마약 밀수선 애로호를 관병이 수색하고 해적 용의자 리밍타이(李明太)와 중국선원 11명을 체포한다.

그런데 문제는 애로호에 걸린 영국 국기를 청의 관원이 끌어내리고 이를 훼손한 일에서 발생했다. 당시 중국 마약선은 관청 단속을 피하려고 일부러 영국이나 다른 서양 국가 깃발을 걸고 다니면서 서양 배인 척 하기도 했다. 영국은 애로호에서 발생한 일을 국기 훼손 사건으로 규정하고, 1856년 영국군을 광저우로 난입시키면서 2차 아편전쟁을 일으킨다.

영국은 이번에는 프랑스까지 연합군으로 끌어들였다. 명목은 청이 프랑스 신부 샤프들레이네를 모반선동 혐의로 처형했으므로 청은 영불 양국의 적이라는 것이었다.

영불연합군은 광저우 점령에 만족하지 않고 청을 압박하고자 1858년 베이징 인근 톈진(天津)까지 북상한다. 다급해진 청은 톈진조약이라는 불평등조약을 체결하며 휴전을 도모했으나 1860년 영국, 프랑스는 병력을 2만 5,000명으로 증강해 10월 베이징까지 함락시킨다.

영국군에 약탈되는 고귀한 페키니즈

영불 점령군은 베이징에서 살인, 방화, 약탈 등 온갖 악행을 저지른다. 심지어 황제의 여름 별궁인 이허위안(頤和園)에 난입해 문화재를 노략질하는데 그 난리 통에 없어진 것은 문화재만이 아니었다. 이때 청 황실의 애견 페키니즈도 영불 연합군의 손을 피하지 못했다.

영불 연합군은 황제의 고모로 추정되는 귀부인이 키우던 페키니즈 다섯 마리를 궁에서 처음 보았는데 이 특이한 외모에 이끌려 이들까지 노략질하여 본국으로 가져가고 만다.

당시 황제 함풍제(咸豊帝)는 페키니즈를 서양 오랑캐(洋夷)에게 넘겨주지 말고 차라리 모두 죽이라고 명했다. 하지만 그 귀부인은 차마 자신의 손으로 사랑하는 개들을 죽이지 못하고, 대신 서양 오랑캐에게 자신이 욕을 당하지 않기 위해 스스로 목숨을 끊어버리고 말았다.

영불연합군은 노획한 페키니즈 다섯 마리를 연합군 간부에게 분배한다. 존 헤이(John Hay) 남작이 암수 한 쌍, 조지 피츠로이(George Fitzroy) 남작이 암수 한 쌍 그리고 영국군 던(Dunne) 중위가 한 마리를 가졌다. 헤이 남작과 피츠로이 남작은 이 이국적인 개를 자기 여동생과 조카에게 선물했다.

한편 던 중위는 빅토리아 여왕(Queen Victoria)에게 노략질한 개를 진상한다. 여왕에게 올려진 페키니즈는 '전리품'이라는 뜻의 '루티

(Looty)'라는 달갑지 않은 이름을 하사받는다.

던 중위가 빅토리아 여왕에게 페키니즈를 진상한 것은 여왕이 소문 난 애견가였기 때문인데, 여왕은 카발리에 킹 찰스 스파니엘(Cavalier King Charles Spaniel), 그레이 하운드(Grey hound), 보더 콜리(Border Collie), 포메라니안(Pomeranian), 칭(Chin) 등 여러 품종의 개를 키웠다고 한다. 여왕의 남다른 애견 사랑은 그림, 사진, 동영상 등을 통해 지금도 전해지고 있다. 특히 빅토리아 여왕은 포메라니안 사랑에 푹 빠져 이 개를 현재와 같은 품종으로 만드는데도 상당한 공헌을 한 것으로 알려져 있다.

페키니즈라는 이름은 이 개를 중국 베이징에서 사로잡아 영국으로 가져온 영국인들이 지은 것이다. 베이징을 과거 영국인들은 페킹(Peking)으로 불렀고, 그 곳에 사는 사람들을 페키니즈라고 했다. 영국인이 개를 포획한 장소가 페킹이었고 그 개들이 오래 전부터 페킹에서 살았다고 하여 개 품종 이름을 페키니즈라고 명명한 것이다.

이 논리라면 뉴욕에서 개량하면 뉴요커(New Yorker), 런던에서 하면 런더너(Londoner), 파리에서 개량하면 파리지앵(Parisien)이라고 불러야 할 것이다. 성의 없는 작명이다.

영국으로 간 페키니즈 후손은 포메라니안처럼 영국인 취향에 맞게 개량된다. 페키니즈는 청 황실에 있을 때보다 다리가 더 짧아지고 몸도 더 작아지게 된다. 오늘날 우리가 아는 페키니즈들은 아편전쟁 당시 영국으로 건너 간 개와, 그 이후 중국에서 영국으로 계속 유출된 일부 페키니즈들의 후손을 개량한 결과라고 할 수 있다.

페키니즈를 잃은 함풍제는 저물고 빅토리아 여왕은 떠오르고

영국이 노략질해간 페키니즈의 원 주인인 함풍제는 제2차 아편전쟁 때 연합군에 쫓겨 베이징에서 북동쪽으로 230km 떨어진 허베이성(河北省) 러허(熱河, 현재 承德)로 피난을 간다.

황제는 전쟁이 끝난 후에도 수도이면서 자신의 고향인 베이징으로 돌아오지 못하고 1861년 러허의 행궁에서 병사하고 만다. 러허는 우리에게는 연암 박지원 선생의 열하일기(熱河日記)로도 유명한 곳이다.

함풍제의 비극적 죽음은 늘 자신의 옆에서 악의 무리를 물리치고 황실을 지켜주던 '사자개 페키니즈'를 연합군에게 **빼앗겼기** 때문이 아닐까? 반면 던 중위를 통해 '루티'라는 페키니즈를 갖게 된 빅토리아 여왕은 영국의 전성시대를 이끈다. 빅토리아 여왕 옆에 앉은 페키니즈가 사자개 역할을 톡톡히 해 영국 왕실의 액운을 다 물리친 것은 아닐까?

지금 집에서 키우고 있는 귀여운 페키니즈도 액운을 물리치는 사자개라고 할 수 있다. 살면서 힘든 일이 있으면 페키니즈에게 털어 놓고 도움을 청하는 것은 어떨까?

중국 천연두 퇴치를 위한 대외특사

청나라 9번째 황제인 함풍제가 수도인 베이징도 아닌 러허의 행궁에서 서거한 이후 그의 아들 동치제(同治帝)가 1861년 5세의 어린 나이로 황제에 즉위한다. 동치제는 청의 10번째 황제이었지만 대륙을 다스리기에는 나이가 너무 어려 동태후(東太后), 서태후(西太后)가 동시에 섭정하게 된다.

그러나 이 어린 황제는 권력의 화신 생모 서태후와 그의 숙부인 공친왕의 권력욕 때문에 정치다운 정치를 제대로 펼쳐 보지도 못하고 시달리다 1875년 19세의 젊은 나이에 천연두(small pox)로 사망한다. 당시 중국에서는 젊은 황제까지 천연두로 사망할 만큼 전역에 천연두가 만연했다고 한다.

영국 에드워드 제너(Edward Jenner)가 우두 접종(cow pox)을 개발하면서 오늘날은 천연두가 사라진 질병이 되었지만, 한때 천연두는 인류를 위협하는 치명적인 전염병 중 하나였다.

천연두에 걸리면 치사율이 90%에 이를 만큼 높았으며 생존하더라도 몸과 얼굴에 흉터가 남았다. 천연두로 인한 사망자는 20세기 중반까지 3억 명에 달할 정도로 많았지만 예방접종의 꾸준한 보급으로 1980년 세계보건기구(WHO)는 천연두의 종식을 선언하게 되었다.

우리 선조들은 천연두를 마마, 두창이라고 불렀는데, 한국전쟁(1950~1953년)이 한창이던 1951년 4만 명 넘는 환자가 발생할 정도로 당시에도 천연두는 흔한 질병이었다. 하지만 다행히 1959년을 마지막으로 우리나라에서는 더 이상 새로운 환자가 나타나지 않고 있다.

19세기 말 열강의 침입과 체제의 모순으로 인해 한 없이 추락하던 청나라도 만연하는 천연두를 막기 위해 백방으로 노력했다. 당시 아일랜드인 의사 휴스턴(Dr. Heuston)은 중국의 천연두 예방접종 기관 설립을 도와주었는데, 청 최고 실력자 북양대신 리홍장(李鴻章)은 휴스턴 박사에게 감사의 표시로 창(Chang)과 레이디 리(Lady Li)라는 페키니즈 암 수 한 쌍을 선물로 주었다. 물론 이 개들은 아일랜드 최초의 페키니즈가 되었다.

결과론적으로 말하면 페키니즈는 천연두라는 악령(demon)을 중국인들에게서 물리치는데 약간의 역할을 한 격이 되었다.

한편 러허의 행궁에서 객사한 함풍제의 부인이며 천연두에 걸려 요절한 동치제의 어머니인 서태후가 미국 26대 대통령인 시어도어 루스벨트(Theodore Roosevelt, 재임 1901~1909)의 조카에게 페키니즈를 선물했다는 이야기도 전해지고 있다.

이렇듯 청나라 말기 사자개 페키니즈는 기울어지고 있는 나라의 미래를 위해 구미 열강들을 상대로 '대외 특사' 역할을 확실히 하기도 했다.

2. 중국 황실과 티베트 불교의 결합, 고귀한 혈통의 시추

중국 최고 미인 서시(西施), 그리고 그 이름을 딴 서시견 시추

대부분의 나라에서는 시추(Shih Tzu)를 시추라고 부르지만 중국에서는 서시견(西施犬)이라고도 부른다. 물론 중국에서도 시추라고 더 많이 부른다. 어떻게 보면 귀여운 아기 곰 같은 차우차우(Chow Chow)를 중국에서는 송사견(鬆獅犬, 송스취앤)으로 부르는 것과 비슷하다고 할 수 있다.

중국은 유구한 역사가 있는 나라로 그 역사에는 수많은 미인들이 등장한다. 그 중에서도 서시(西施, Xi Shi)는 중국 최고 미인 중 하나로 손꼽히는 인물이다. 서시는 춘추전국시대 당시 월(越)나라 출신 여인으로 중국 4대 미인으로 손꼽히는 여성이다.

시추의 중국 이름이 서시견이라는 것은 시추가 애견계에서 서시만큼 예쁜 존재라서 명명된 것 같다. 시추를 키워 본 사람이라면 알겠지만 이 개는 얼굴도 예쁘지만 마음도 무척 고운 개이다. 다른 개들을 별로 괴롭히지도 않고 다른 개의 새끼들도 곧잘 돌봐주는 등 성품도 천사에 가깝다. 외모도 예쁘고 마음씨도 좋은 정말 좋은 개가 시추다.

시추의 매력은 그뿐이 아니다. 필자가 시추를 키울 때 애교 많은 시추가 재롱을 부리면 시간 가는 줄 모르고 논 적이 많았는데 시추가 주는 평안함, 만족감, 행복감 때문인 것 같았다.

그야말로 경국지색(傾國之色)이 따로 없었다. 중국인들은 이런 시추 특유의 매력을 잘 알고 이 개의 이름을 서시견으로 붙인 게 아닐까 싶다.

필자의 개인적인 견해로는 '시추'라는 의미가 가슴속에 잘 다가오지 않는 이름보다는 '서시 견'이 시추의 매력을 더 잘 표현해주는 이름인 것 같다.

이왕 중국 4대 미인 얘기가 나온 만큼 서시, 왕소군(전한), 초선(후한), 양귀비(당) 등 중국 4대 미인에 대해 간략히 살펴보고자 한다.

서시

서시는 와신상담(臥薪嘗膽)이라는 말과 관련 있는 미인이다. 춘추전국시대 당시 양쯔 강(揚子江) 이남의 오(吳)와 월(越)은 대대로 앙숙 관계였다. 지금의 한일 관계나 프랑스와 독일 관계도 그들의 적대적 관계에 비할 바가 못 될 정도로 양국은 심각한 원수국가였다. 양국은 늘 서로 못 잡아먹어서 으르렁거렸는데 이들의 불편한 관계를 빗대 오월동주(吳越同舟)라는 사자성어까지 나올 지경이었다.

기원전 494년 월왕(越王) 구천(勾踐)은 오왕(吳王) 부차(夫差)와 회계산에서 양국의 운명을 건 전투를 벌인다. 그 결과 월은 오에 크게 패하고 구천은 포로로 사로잡힌다. 이후 구천은 오나라에서 지옥과 같은 노예생활을 하게 된다. 구천은 부차의 밑에서 3년간 부차의 똥도 맛보고 자신의 아들도 잃는 등 인간으로서 견디기 어려운 모욕을 당한다. 하지만 구천에게는 반드시 치욕을 갚고 나라를 되찾겠다는 불굴의 집념이 있었다.

간신히 월나라로 돌아온 구천은 범려(范蠡)와 같은 충신의 도움을 받아 국력을 회복한다. 하지만 그 과정에서도 초심을 잃지 않고자 가시나무 위에서 불편한 잠을 자고 매일 쓰디쓴 동물의 쓸개를 핥으며 지난 날 치욕을 잊지 않으려고 노력하는 와신상담(臥薪嘗膽)의 세월을 보낸다.

월나라가 오나라를 무너뜨릴 수 있게 한 일등공신이 서시다. 서시는 원래 구천의 신하 범려의 애첩이었는데 범려가 월을 위해 서시를 오왕 부차에게 보내 정사를 외면하게 만든 것이다. 부차는 범려의 예상대로 서시에게 푹 빠져 정사를 소홀히 했고, 오의 국력은 과거 월나라를 격파할 당시에 비해 상당히 쇠약해진다.

결국 구천의 군대에 의해 오나라는 기원전 473년 멸망한다. 와신상담의 주인공 구천은 월나라를 반석 위에 올려놓아 후일 춘추전국시대의 5대 영웅인 춘추오패(春秋五霸)의 지위에 오른다.

왕소군

왕소군은 전한(前漢) 시대 황제이던 원제(元帝)의 궁녀로 있다가 흉노(匈奴)에 공녀로 바쳐져 후일 흉노의 왕비까지 되는 여인이다. 후일 왕소군이 공녀로 바쳐졌다는 것을 뒤늦게 안 원제는 담당자를 처형시키기도 했지만 흉노로 간 왕소군이 돌아오기는 어려웠다.

그녀는 흉노에서 왕비가 되어 호강하게 되었지만 늘 고향 땅을 그리워하며 '봄이 와도 봄이 온 것 같지 않다'는 뜻의 춘래불사춘(春來不似春)이라는 명언을 후세에까지 남겼다.

초선

초선은 나관중(羅貫中)이 지은 삼국지연의 최고 미인으로 실존 여부가 확실하지 않다. 삼국지를 수십 번 읽은 필자의 입장에서는 소설 속의 가공인물인 듯하다. 초선은 후한(後漢) 말기 충신 사도 왕윤(司徒 王允)의 수양딸로 역적 동탁(董卓)을 치고자 자신의 빼어난 외모를 활용하였다. 그녀는 '미인계'라는 말의 원조 격이 되는 미인이기도 하다.

동탁의 수양아들 여포(呂布)는 삼국시대 무장 중 무공이 으뜸이어서 여포가 동탁의 곁에 있는 이상은 그 누구도 동탁을 죽이기가 어려웠다. 여포는 유비, 관우, 장비 삼형제가 함께 덤벼들어도 공격을 막아낼 만큼 무예가 뛰어났다. 여포에 대한 동탁의 신뢰도 매우 높았다.

왕윤은 찰떡같던 동탁과 여포의 사이를 초선을 이용해 멀어지게 하여 여포가 동탁의 목을 베게끔 했다.

중국 위(魏), 촉(蜀), 오(吳) 삼국시대 최고 미녀 자리를 놓고 혹자는 오나라 강동 소패왕 손책(孫策)의 아내 대교 교정(大橋 橋靜)과 강동의 명장 주유(周瑜)의 아내 소교 교완(小橋 橋婉) 자매를 거론하나 초선이 으뜸이라는 게 다수 의견이다. 믿거나 말거나지만 주유의 아내 소교를 차지하고자 후한(後漢) 승상 조조(曹操)가 강동을 침략해 적벽대전을 일으켰다는 전설도 있다. 오우삼(John Woo) 감독의 2008년 작품 적벽대전은 이 부분이 마치 전쟁의 주된 원인인양 스토리가 전개된다.

양귀비

양귀비는 당(唐) 전성기인 현종(玄宗) 때 황제의 눈과 귀를 멀게 해 강성하던 제국을 몰락의 길로 접어들게 했다는 평가를 받는다. 나라를 기울게 할 정도의 미모, 즉 경국지색(傾國之色)이 양귀비에 어울리는 말이다.

그녀는 후일 역신들인 안녹산, 사사명의 난으로 당나라가 전란에 휩싸일 때 화가 난 당나라 군사들에게 죽임을 당하는 비운의 여인이기도 하다.

시추의 조상은 라사압소와 페키니즈?

동아시아 최고의 고귀한 혈통, 시추

시추의 기원에 대해서는 여러 가지 설이 있다. 그중에서도 17세기

시추의 개발과정에 상당한 역할을 한 것으로 알려진 페키니즈. 사진 속의 페키니즈 암컷은 인천 월미도 애견카페에서 살고 있다.

중엽 티베트에서 수컷 라사압소(Lhasa Apso)를 청 황실에 진상했고, 그 라사압소가 페키니즈 암컷과 교배를 하여 만들어졌다는 얘기가 유력하게 전해진다. 시추는 이러한 양국의 고귀한 핏줄의 결합으로 탄생한 개로 청 황실과 귀족들로부터 많은 사랑을 받게 된다.

17세기 격변의 동아시아, 시추 탄생의 배경

17세기 시추의 탄생 배경을 알아보기 위해서는 16세기 말부터 17세기 중엽까지 조선, 명, 일본의 무력 충돌과 이를 통해 새롭게 동아시아의 중심으로 부각한 여진족의 청나라 등 당시 동아시아 제국(諸國)들의 역학 관계를 제대로 이해하는 것이 필요하다.

조선과 일본, 그 기나긴 전쟁

1590년 유례가 없을 정도의 대 혼란기였던 일본 전국시대를 통일한 도요토미 히데요시(豊臣秀吉)는 조선에게 "명(明)을 정벌하기 위해 길을 빌려 달라"는 정명가도(征明假道)라는 실로 어처구니없는 요구를 한다. 솔직히 어느 나라가 자기 영토에 다른 나라의 대군을 통과시키도록 허락하겠는가?

도요토미 히데요시의 황당한 요구에 조선 조정은 격분하고 이를 거절한다. 이에 도요토미 히데요시는 1592년 4월 고니시 유키나가(小西行長), 가토 기요마사(加藤淸正) 등에게 조선 진군 명령을 내리고 조총으로 무장한 15만의 정예군을 동원해 침공한다.

당시 일본군은 전국시대의 수많은 전투로 단련되어 있어서 오랜 평화 기간으로 군기가 느슨해질 대로 느슨해진 조선군은 그 상대가 되지도 못하였다. 조선군은 단 20일도 못 버티고 수도인 한양을 내어주고 후퇴를 거듭한다. 조선은 풍전등화 같은 국가 위기를 극복하고자 명(明)에 원군을 요청한다.

명 조정은 왜군을 중국 본토가 아닌 조선 땅에서 격퇴해야 자국에 피해가 적게 발생한다고 판단하고 이여송(李如松) 등에게 4만이 넘는 원병을 보내 조선을 돕도록 한다. 당시 명은 군사들의 녹봉도 주지 못할 정도로 재정 상황이 좋지 않았지만 중국 본토에 왜군이 침략하는 것을 막고자 상당한 국력 소진이 동반되는 것을 알면서도 어쩔 수 없이 출병한다.

임란 이후 명나라

임진왜란을 거치면서 명은 국력이 더욱 쇠락해진 반면 새롭게 부상한 여진(女眞)은 세력을 확장하면서 국력을 크게 신장시킨다. 특히 임진왜란 종전 후 17세기 초에 명과 여진(後金, 후에 淸으로 개칭)의 대립이 격화된다.

그런데 명은 강력한 신흥국인 청과의 전쟁 외에도 내부의 적인 농민 반란군들과 허난(河南), 산시(陝西)에서 힘겨운 싸움을 하고 있었다. 당시 명은 요즘 정치권에서 잘 쓰는 표현인 투 트랙(two track)에서 전선이 형성되어 강적들과 싸우는 힘든 형국이었다.

명의 멸망, 청 제국 개국

결국 명은 1644년 농민군 수장인 이자성(李自成)에게 망하게 된다. 그러나 이자성의 군대도 전략적 판단 미숙과 민심 장악에 실패해 베이징 점령 40일 만에 스스로 물러나게 된다. 대륙은 이제 여진족 세상이 된 것이다.

이렇게 17세기 초·중반의 격변으로 동아시아에는 새로운 국제질서가 구축되었다. 여진이 세운 청은 바로 전 왕조인 명과는 비교하기 어려울 만큼 강력한 군사력을 보유했다. 새로이 중원을 통일한 청의 영토는 중원은 물론 몽골, 만주 전역 등을 아울러서 직전 왕조인 명에 비해 3배나 될 만큼 넓었고 인구도 월등히 많았다. 또한 청의 강력한 화포와 정예 중의 정예인 팔기군(八旗軍)은 주변국에 공포의 대상이었다.

조선과 청, 삼전도의 굴욕

보통 새로운 왕조가 들어서면 주변 국가에 사신을 보내 정권이 바뀐 것을 통보하고 인사를 한다. 또한 청과 같은 제국의 경우 주변 소국에게 왕이나 사신이 직접 와서 새로운 황제에게 인사를 하게 하는 이른바 입조(入朝)를 요구한다.

조선이 입조를 거부하자 청은 병자호란을 일으키고, 결국 당시 국왕이던 인조(仁祖)는 청의 홍타이지(후일: 崇德帝)에게 지금의 서울 송파구에 있는 삼전도에서 머리를 땅에 찧고 엎드려 크게 절하는 굴욕을 겪게 된다. 이른바 삼전도의 굴욕(1637년)을 겪은 것이다.

이를 본 다른 주변국들은 조선처럼 국토가 초토화되는 게 아닌지 긴장했다. 중국, 만주, 몽골을 아우르는 강력한 제국인 청의 눈 밖에 나지 않고자 노력했다.

티베트, 라사압소를 청에 공물로 바치다

이런 역학관계 속에서 티베트는 17세기 중엽 다른 공물과 함께 자신들이 아끼던 신성한 사자개 라사압소(Lhasa Apso)를 청에 헌상(獻上)한다. 중국 황실은 이렇게 티베트로부터 받은 귀한 라사압소를 자신들의 페키니즈(獅子狗)와 교배시켜 시추라는 새로운 품종을 만들었다고 한다.

동아시아에서는 오래 전부터 티베트가 원산인 소형 스파니엘 계열의 개를 귀한 선물로 거래했다. 당과 신라, 왜도 티베트 원산의 이런 개들을 공물과 하사품 형태로 서로 주고받았다고 한다. 현재 애견으로 인기 많은 칭(Chin)도 신라가 왜에 전래했다는 설이 있다.

라사압소와 페키니즈를 교배시켜 시추를 만든 이유

그런데 청 황실은 왜 라사압소끼리 교배하여 그 순종 자손을 번식시키지 않고 굳이 페키니즈와 짝을 지어 시추라는 새로운 품종을 만들었을까? 전해지는 이야기로는 티베트에서 라사압소 수캐만 청에 헌상했다고 한다.

청은 티베트에서 온 귀한 선물인 라사압소를 번식시키고 싶었는데 암캐가 없어서 난감했을 것이며, 그래서 생각한 것이 액운을 물리치는 페키니즈 암컷을 통해서 라사압소의 자손을 생산한 것으로 추정된다.

여하튼 시추는 그들의 친가 조상은 라사압소, 외가 조상은 페키니즈로 추정된다. 오래전부터 티베트와 중국에서 악령을 물리치는 벽사의 기능을 한 소중한 개들의 후손인 것인데, 이러한 이유로 중국 황실에서 시추도 페키니즈처럼 수세기 동안 대접을 받으며 살았다.

시추를 키우시는 분들은 그 개가 주인집에 사악한 악령이 들어오지 못하게 막아주는 사자개 역할을 진짜 할지도 모르니 잘 키우시길 바란다.

마음씨 좋은 시추, 어미젖 못 먹는 요크셔 테리어 유모견(乳母犬)

필자는 부모님과 함께 아주 어린 시절부터 요크셔 테리어, 미니어처 슈나우저, 토이 푸들, 시추를 많이 키웠었다. 그런데 체구가 작고 가냘픈 요크셔 테리어들은 새끼를 낳아도 젖이 제대로 나오지 않아 곧잘 주인을 곤혹스럽게 했다.

혹자는 "인공 포유를 시켜 새끼를 키우면 되지 않냐"라고 쉽게 말할 수 있겠지만 한두 마리가 아닌 많은 개를 키우는 입장에서는 그게 그렇게 쉬운 일이 아니었다. 물론 사람이 아무리 인공 포유를 잘 시켜 강아지를 키워도 어미젖을 제대로 먹고 자란 녀석보다 튼튼할 수는 없는 법이다.

사람의 사랑이 어미의 사랑에 미치지 못할뿐더러 기본적으로 육식동물인 개의 젖과 초식동물인 소의 젖(인공포유용 분유)에는 성분 차이가 있기 때문이다. 그래서 필자와 부모님이 생각해 낸 것이 유모였다.

모모(요크셔 테리어)는 아라의 엄마, 아롱이(시추)는 아라의 유모.

먼저 아래 사진 속의 '모모'가 새끼를 낳자 며칠 전에 출산한 미니어처 슈나우저에게 젖동냥을 시도했다. 녀석은 체구도 크고 젖이 좀 많이 남는 것 같았다. 그러나 그 슈나우저는 완고히 수유를 거부했다. 꼭 "내가 요크셔 테리어 새끼를 왜 키우느냐"는 태도였다.

그래서 할 수 없이 '모모'보다 하루 전에 출산한 토이 푸들 암컷에게 다시 유모를 부탁했다. 하지만 녀석도 자기 새끼가 아니라고 거부했다. 한 술 더 떠서 가여운 요크셔 테리어 강아지를 물려고까지 했다. 그 푸들은 성격이 순해서 가능할 것이라고 판단했지만 자기 새끼를 출산하고 나니까 성격이 판이하게 달라졌다. 필자는 "푸들도 이렇게 한 성격 하는구나"라는 것을 그때 처음 알았다.

필자는 마지막이라는 심정으로 시추에게 부탁하기로 마음먹었다. 시추는 이미 출산한 지 열흘이 지나서 새끼가 꽤 큰 상태였다. 이번에도 실패하면 인공포유를 시킨다는 생각으로 별다른 기대 없이 열흘 전 새끼를 낳은 '아롱이'(사진 속 시추)에게 유모 역할을 해달라고 부탁하였다.

그런데 아롱이는 고맙게도 아주 흔쾌히 필자의 제안을 수용하고 자기 새끼와 똑같이 젖을 물리고 돌봐주기 시작했다. 며칠 아롱이를 관찰하던 필자는 완전히 아롱이에게 맡기기로 결정하고 그 강아지는 아예 잊어버렸다. 그만큼 아롱이는 온 정성을 다해 주인이 맡겨 준 요크셔 테리어 강아지를 잘 보살펴 주었다.

그 뒤 약 40여 일 후 아롱이의 새끼 네 마리는 좋은 주인들에게 분양되어 갔다. 그런데 문제는 그 다음부터였다. 아롱이는 자기 새끼들을 모두 보내자 마지막 남은 요크셔 테리어 새끼를 더욱 정성껏 돌보고 보살폈다. 자기 새끼보다 덩치가 반밖에 되지 않은 것을 안타깝게 여겨서인지 이제는 잘 나오지도 않는 젖을 물리고 또 물려주며 보살펴주었다.

그런데 이 작고 예쁜 요크셔 테리어 새끼는 이미 다른 사람에게 분양하기로 약속이 된 상황이었다. 하지만 그 약속을 지키면 유모견 아롱이에게 너무 큰 상처를 주는 것 같아서 결국 필자는 그분께 정중히 양해를 구하고 계속 아롱이가 요크셔 강아지를 키우도록 했다.

아롱이와 나중에 '아라'라는 예쁜 이름을 갖게 된 요크셔 테리어 암컷은 그 뒤 8년 가까운 시간이 흘렀지만 아직도 모녀의 정을 깊게 나누며 행복하게 살고 있다.

개의 세계에서도 낳은 정보다는 기른 정이 더 큰 것 같다.

시추와 미니어처 핀셔의 불꽃 튀는 애정 다툼

참새가 방앗간 앞을 그냥 지나치지 못하듯이 필자는 개만 보면 그냥 지나치지 못한다. 뒤돌아서서 다시 한 번 보고 또 보고 그런다. 그러다가 궁금한 점이 있으면 견주(犬主)에게 물어보기도 한다. 킹스독스(kangsdogs) 블로그에 소개한 개 중 펨브로크 웰시코기, 셀티(트라이 칼라)의 경우 그렇게 길거리에서 건진 것들이다.

2012년 4월 어느 화창한 날 필자는 모교에 볼일이 있어서 갔다가 학교 인근에 위치한 한 애견카페에 들렀다. 물론 필자가 대학을 다닐 때는 애견 카페라는 것 자체가 없었다. 신기한 마음으로 한 번 들어간 그 카페에서 필자는 정말 재미있는 경험을 하게 되었다.

카페에는 시추, 치와와, 불테리어, 미니어처 핀셔, 아메리칸 불도그, 피레네 마운틴 독, 래브라도 리트리버 등 다양한 애견들이 있었고 고양이도 보였다. 필자는 그곳에 있는 애견 품종 중 시추를 제일 좋아하므로 얼른 시추를 안아보려 했으나 예기치 않은 변수를 만나게 되었다. 시추 대신 미니어처 핀셔가 냉큼 그 자리를 차지하고 만 것이었다.

광진구 화양동에 사는 생후 2년이 된 미니어처 핀셔 성견 수컷.

미니어처 핀셔(이하: 미니핀)는 몸매가 날렵하고 행동도 민첩한 개다. 원래 스칸디나비아 반도에서 쥐, 토끼 같은 작은 동물들을 사냥하는 사냥개였는데 독일로 와서 보다 작은 크기로 개량된 품종이다. 핀셔(Pinscher)라는 독일어는 영어의 테리어(Terrier)와 같은 의미이므로 말 그대로 '작은 사냥개'라는 뜻을 가지고 있다.

필자가 보기에는 카페에 있는 개 무리 중 미니어처 핀셔의 서열이 시추보다 높은 것 같았다. 사람에게 안길 기회를 놓친 시추는 필자에게 곧 바로 적극적인 구애 공세에 들어가며 필자를 압박하기 시작했다.

시추는 먼저 벌떡 일어서더니 앞발로 필자의 다리를 긁으면서 자신을 안아달라고 보채기 시작했다. 그런데 시추는 이 방법이 신통치 않다고 판단했는지 잠시 후 감정을 가득 넣어 짖기 시작했다. 개를 많이 키워 본 필자 입장에서는 '나를 사랑해 달라'는 그런 얘기로 들리는 소리였다. 그래도 필자가 별 다른 반응을 보이지 않자 시추는 옆 자리로 이동하여 가련한 표정을 짓고 안아달라고 이번에는 눈으로 말했다.

필자의 다리를 긁는 시추.　　약간 뒤에서 안아달라고 짖는　필자의 옆 자리에서 안타깝게 쳐다보는
　　　　　　　　　　　　시추. 감정을 가득 실은 상태　시추.
　　　　　　　　　　　　에서 짖는 모습.

보다 못해 필자는 시추를 안아주려고 결심하고 몸을 움직이려 하자 이번에는 미니핀이 가만히 있지 않았다. 미니핀은 으르렁거리며 갑자기 공격 자세를 취하기 시작했다. 시추를 사랑하지 말고 자신만 사랑해 달라는 아주 강경한 경고였다.

필자가 키웠던 요크셔 테리어 암컷 '누루'는 필자가 안아주기만 하면 사나운 늑대로 돌변하여 으르렁거리고 주변의 개들에게 강한 적의를 드러내며 분노를 표출했다. 마치 '내가 주인의 사랑을 받고 있으니 주인의 사랑을 못 받는 너희들은 까불지 말라'는 태도였다. 1.5kg에 불과한 녀석이 이빨까지 모두 드러내고 화난 척을 하면 정말 우습고 가소로웠다. 그러다가 필자가 누루를 바닥에 내려놓으면 곧바로 꼬리를 숨기며 구석으로 줄행랑쳤다. 안 그러면 다른 푸들이나 미니어처 슈나우저들에게 당장 보복당하기 때문이었다.

필자가 미니핀의 눈치를 보는 사이 시추는 서럽고 안타까운 시선으로 조금 먼 테이블로 가서 필자를 응시하기 시작했다. 그런데 그 표정이 압권이었다. 마치 "제발 저 좀 안아 주세요. 제가 미니핀보다 더 예쁘고 착해요" 그런 표현이었다. 시추는 필자를 원망하는 표정을 짓지는 않았다.

물론 이 사진 촬영 후 필자는 시추를 안아주었다. 시추는 너무 좋아서 약간 떨기까지 했다. 개들은 너무 좋을 때 흔히 몸을 살짝 떠는 경우가 있는데 이 시추도 그런 표현을 하였다.

필자를 보는 가련한 시선이 압권인 시추.

물론 그런 광경을 본 미니어처 핀셔의 시선은 곱지 않았다. 약간 배신감을 느낀 표정이랄까 아래 사진과 같은 모습을 한동안 보였다.

시추를 안아주자 기분 나빠하는 미니어처 핀셔의 표정이 익살스럽다.

필자는 시추를 안아보면서 최근 인기 있는 케이윌(K. will)의 "니가 필요해"라는 노래가 생각났다. 이날 시추와 미니핀에게는 모두 사람의 따뜻한 사랑이 필요했던 것 같다.

3. 말(馬)처럼 격조 높은 걸음걸이를 하는 개, 미니어처 핀셔

필자는 가끔 시간을 내서 경기도 용인시에 있는 한 승마장에 가족들과 함께 말을 타러 간다. 말을 타다보면 동물과 사람이 혼연일체가 되어 같은 목표를 향해 나가는 것이 참 좋다. 아이들도 자기들이 좋

어린이 전용 승마말로 품종은 셰틀랜드포니. 셰틀랜드 제도가 고향인 이 말은 한때 영국의 탄광과 광산에서 역마로도 활동했다. 2012년 4월 어린이대공원에서 촬영.

아하는 말이 있고 그 말들과 교감을 형성하는 것을 보면 신기할 따름이다.

그리고 말은 걷거나 뛸 때 다리를 높이 들고 타박타박 걸음걸이를 하는데 다른 동물의 걸음걸이와는 달리 격조도 있고 보는 이의 마음도 시원하게 해준다.

필자는 오랜 기간 동안 주로 소형견 위주로 사육을 했는데 푸들의 경우 비록 작은 체형임에도 불구하고 걷는 모습이 다른 개들보다는 시원한 맛이 있어서 필자가 참 좋아했다. 하지만 격조 있는 푸들도 걸음걸이에서는 소형견인 미니어처 핀셔(이하 미니핀)의 격조와 우아함에는 다소 못 미친다.

미니핀은 다리를 높이 들고 걷는 특유의 걸음걸이가 있다. 이런 걸음걸이는 보는 이들의 기분과 마음을 상쾌하게 하고 경쾌하게까지 해준다. 그래서 혹자는 미니핀의 체구나 걸음걸이가 말과 비슷하다고 평가하는데 필자도 이런 견해에 전적으로 동의한다.

미니핀의 원산지는 독일이며 독일의 대표적 소형 애견으로 알려져 있지만 사실 독일이 아닌 노르웨이 등 스칸디나비아 반도가 실제 고향이다. 독일 사람들은 이 스칸디나비아 중형견을 독일로 들여와서 더욱 축소시키고 개량하여 현재와 같은 예쁜 소형 애완견으로 만들었다.

또한 미니핀은 주위에 대한 경계심이 매우 높아 침입자라고 판단되는 외부인이 오면 체구에 걸맞지 않게 맹렬히 짖어 집을 지키는 번견(番犬)으로서도 제격이다. 원래 미니핀은 덩치에 걸맞지 않게 용감하고 불굴의 기상을 가진 용맹한 개다. 따라서 덩치만 크고 겁이 많거나 외부인을 별로 신경 쓰지 않는 일부 대형견보다는 이 개들이 집은 확실히 더 잘 지킬 것이다.

또한 미니핀은 경계심도 많지만 매우 영리한 개로 소문난 녀석이므로 이 녀석 한 마리만 집에 있으면 24시간 무인경비시스템이 작동하는 것이나 마찬가지일 것이다.

많은 일반인들은 이 개를 대형 경비견인 도베르만의 축소형이라고 생각하기도 한다. 그렇지만 미니핀은 도베르만과 외모의 유사점은 있지만 전혀 다른 별개의 품종이니 더 이상 오해 없길 바란다.

요크셔 테리어를 비롯하여 상당수 소형견 품종들이 그렇듯이 이 개도 가슴에 흰털이 있는 것은 좋지 않은 평가를 받는다. 따라서 미니핀 강아지를 고를 경우 가급적 가슴에 흰털이 없는 것을 선택하는 것이 바람직할 것이다.

생후 1년 된 도베르만 암컷으로 부산에서 살고 있다.

4. 순백의 아름다운 개 몰티즈

몰티즈, 8천 년 전부터 사람들의 소중한 친구

몰티즈, 유럽에서 가장 오래된 애완견

필자에게 아파트나 공원에서 산책하면서 가장 많이 본 품종을 꼽으라면 몰티즈(Maltese), 푸들(poodle), 시추(shihtzu)라고 대답할 것이다. 그만큼 몰티즈는 대중적인 개로 널리 사랑받고 있는 품종이다. 왜 사람들은 몰티즈를 그렇게 많이 키울까? 필자는 순백의 고귀함과 화려한 외모가 그 이유일 것이라고 감히 단언한다.

현대 생물학의 태두, 진화론의 창시자인 영국의 찰스 다윈(Charles Robert Darwin)이 아름다운 몰티즈의 기원시점을 B.C. 6000년경으로 추정할 정도로 몰티즈는 유럽을 원산으로 한 소형 애견 중 가장 오래된 품종으로 여겨지고 있다. 대부분의 애완견 품종들이 불과 200~300년 전에 만들어진 것을 감안한다면 몰티즈는 정말 오래된 품종이라고 할 수 있다.

고대 페니키아인들의 사랑을 독차지했던 몰티즈

몰티즈는 고대 중동에서 무역국가로 번성하였던 페니키아(Phoenicia)의 식민도시로 지중해 무역 중개항으로 유명했던 작은 섬나라 몰타(Malta)에서 기르던 개다.

고대 페니키아는 현재 국경선을 기준으로

전북 김제에서 살고 있는 몰티즈.

살펴보면 레바논, 시리아, 이스라엘 북부지방에 걸쳐있는 국가였다. 이 나라는 통일된 국가형태를 유지했다기보다는 고대 그리스와 같이 정치적으로 독립된 도시국가들의 모임 또는 느슨한 연합체라고 할 수 있다.

페니키아인들이 세계 문화에 끼친 영향은 심대하다. 그들은 해상 무역을 통해 유럽과 중동 지역의 물류 이동을 담당하였고, 특히 그들의 고유 문자체계인 알파벳(alphabet)도 유럽과 아프리카에 전파했다. 이러한 페니키아의 선진문명은 지금까지도 서구문명의 중요한 기반이 되고 있다.

페니키아인들은 해양문명의 특성상 선박을 이용한 여행을 많이 했다. 그들은 긴 항해의 무료함을 달래고자 작은 강아지들을 배에 태우고 다녔는데 특히 작고 예쁜 몰티즈가 선원들의 사랑을 받았다고 한다. 페니키아뿐만 아니라 그리스, 이집트의 선원들도 몰티즈를 싣고 항해했고, 고대 이집트와 그리스의 꽃병, 조각 작품 등에도 몰티즈의 흔적들이 남아있다.

고대 그리스가 그리스 본토뿐만 아니라 터키 본토인 아나톨리아 반도 연안, 이탈리아 남부지방, 시칠리아 섬 등 지중해 곳곳에 식민도시를 건설했듯이 페니키아인들도 배를 타고 이동하면서 지중해 연안의 몰타와 같은 섬들과 북아프리카 여러 곳에 식민도시를 건설했다.

고대 로마인의 눈을 사로잡은 몰티즈

페니키아의 식민도시 중 경제적, 군사적으로 가장 강력했던 곳은 북아프리카 튀니지에 위치했던 카르타고(Carthago)이다. 카르타고는 이후 본국인 페니키아보다 월등히 강성해져 현재의 리비아 일부(벵

가지 인근), 지브롤터, 시칠리아 일부, 포르투갈과 스페인 상당 부분, 사르데냐와 코르시카섬을 아우르는 지중해 최초의 거대 국가로 발전한다.

카르타고는 새로이 유럽의 패권국가로 부상한 로마와 세 차례에 걸친 포에니 전쟁(Punic Wars)을 통해 유럽과 북아프리카의 맹주 자리를 놓고 다툰다. 특히 2차 포에니 전쟁(B.C. 218~201) 때는 카르타고의 명장 한니발(Hannibal)에게 로마군이 거듭 패배하면서 로마가 멸망 직전까지 가기도 하였다. 한니발은 1차 포에니 전쟁 때 카르타고의 영웅이었던, 시칠리아에서 로마군을 수차례 격파한 하밀카르 바르카스(Hamilcar Barcas) 장군의 아들이다. 그의 용맹과 지략은 아버지를 그대로 닮았다고 한다.

로마는 한니발의 군대에 연패한 이후 백전노장 파비우스 막시우스 장군이 지연전술을 사용해 침략군의 전력을 약화하는데 주력했고 신예 스키피오 아프리카누스를 등용해 카르타고 상륙작전을 펼치게 했다. 전장이 이탈리아 반도에서 카르타고 본토가 되자 전쟁의 양상은 바뀌었고 카르타고는 무릎을 꿇게 된다.

2차 포에니 전쟁 종식 50여 년 후 다시 개전된 제3차 포에니 전쟁(B.C. 149~146)에서는 스키피오 아밀리아누스가 이끄는 로마군의 공격으로 카르타고는 풀 한 포기, 기와 한 장 남지 않은 폐허가 되어 역사에서 완전히 사라진다.

장황하게 카르타고와 로마의 전쟁인 포에니 전쟁사를 소개한 것은 몰타섬의 주인이 최초 페니키아인에서 그 식민도시인 카르타고인으로 그리고 다시 로마제국으로 넘어갔다는 것을 말하기 위해서다.

수많은 희생자를 낸 포에니 전쟁을 치르고 몰타를 차지한 로마인들은 전 주인인 페니키아인, 카르타고인들에 못지않게 몰티즈를 사랑하고 아꼈다. 기원전 1세기경 몰타의 로마 총독인 푸블리우스(Publius)는 몰타어로 '지금(now)'이라는 뜻을 가진 몰티즈 '이사(Issa)'를 사랑했다고 하며 지금도 기록이 남아있다.

고대 그리스나 로마에서는 시인, 작가들이 귀족의 집에서 신세를 지며 그들을 위해 작품을 만드는 풍속이 있었는데, 이런 풍습은 르네상스시대 피렌체, 베네치아 등 발전했던 개방적인 도시국가에서도 계승되었다. 중국의 춘추전국시대에도 이와 유사한 풍습이 있었다고 한다.

푸블리우스 총독의 식객인 스페인 출신 시인 마르쿠스 발레리우스 마르티알리스는 총독의 이사(Issa)에 대한 사랑을 시로 적어 후대에 남겼다. 필자가 알기로 세상에서 가장 오래된 개에 대한 헌시(獻詩)가 아닌가 싶다.

> 이사는 카툴라(Catulla)의 참새보다도 쾌활하고 비둘기의 키스보다 순결하다.
> 이사는 소녀보다도 더 상냥하고, 인도의 진귀한 보석보다도 소중하다.

몰티즈를 사랑한 마리 앙투아네트, 메리 여왕, 빅토리아 여왕

몰티즈를 사랑했던 비운의 여인들, 마리 앙투아네트와 메리 여왕

몰티즈는 고대 페니키아, 카르타고 그리고 로마제국에 이어 문명의 암흑기라는 중세 유럽에서도 왕족들과 귀족들로부터 많은 사랑을 받았다. 잉글랜드 왕국의 탄압으로 자국이 아닌 잉글랜드 법정에서 재판을 받고 처형당한 스코틀랜드의 메리 여왕(Queen Mary)이나 프랑스 루이 16세의 왕비로 단두대에서 처형당한 마리 앙투아네트(Marie-Antoinette)

생후 1개월이 조금 넘은 귀여운 몰티즈 암컷 '면봉'.

도 열렬한 몰티즈 애호가들이었다. 18세기 말 전 유럽을 정복했던 프
랑스 황제 나폴레옹의 부인 조세핀 보나파르트(Josephine Bonaparte)
도 열렬한 몰티즈 애호가였다. 그러고 보니 몰티즈 애호가로 예를 든
여인들 모두 비운의 여인들이었다.

특히 스코틀랜드 메리 여왕은 몰티즈를 무척 좋아하여 프랑스 리옹
(Lyon)에서 직접 품질 좋은 몰티즈를 수입하여 키웠었다. 그녀가 1587
년 44세의 젊은 나이에 참수형을 당할 때도 몰티즈들은 그녀의 치마
폭에 있었다고 한다. 철없는 몰티즈들은 주인의 가혹한 운명을 알기
나 했는지 모르겠다.

몰티즈, 빅토리아 여왕의 사랑을 받으며 세계적 애견으로 도약

몰타섬은 로마제국 멸망 후 시칠리아 왕국과 성 요한 기사단(일명 몰타 기사단)의 오랜 지배를 받게 된다. 성 요한 기사단은 십자군 전쟁 때 예루살렘과 로도스 섬 등에서 이슬람군에게 공포의 대상이었는데, 몰타섬으로 옮긴 이후에도 북아프리카의 아랍 상인과 이슬람 해군에게는 두려움 그 자체였다.

그러나 끝나지 않을 것 같던 성 요한 기사단의 몰타 무력 점령도 유럽 전역을 정복한 나폴레옹군 앞에서는 바위 앞의 계란 신세였다.

하지만 프랑스에 잠시 점령당했던 몰타는 나폴레옹 패망 직후인 1800년 영국령이 된다. 그때부터 몰타는 164년이나 영국의 오랜 식민 지배를 받다가 1964년 드디어 독립한다. 특히 2차 세계대전 중 몰타는 영국의 식민지, 전략 거점지라는 이유만으로 독일군의 집중적인 공습을 받고 폐허가 되기도 했다.

몰타가 나폴레옹 패전 이후 프랑스령에서 영국령으로 바뀐 것은 몰티즈 역사에서는 큰 획을 긋는 대사건이다. 세계에서 가장 많은 개 품종을 개발했고 개에 대한 사랑이라면 그 어느 나라 국민들에게 뒤지지 않는 영국인들의 몰타 입성으로 몰티즈는 세계적인 품종이 된다.

19세기 프랑스를 물리치고 몰타의 새 지배자로 등장한 영국인들은 몰티즈를 전 세계에 소개하며 몰티즈 세계화에 큰 공헌을 한다. 특히 애견 사랑이 남달라 중국의 페키니즈, 일본의 칭과 포메라니안 등 많

필자의 애견 '탱크'는 식성 좋고 활달한 녀석이었다. 촬영 당시 만 2살.

은 애완견을 키웠던 빅토리아 여왕은 몰티즈도 매우 좋아했으며 몰티즈가 세계적인 애견이 되는데도 많은 역할을 한 것으로 알려져 있다. 여왕을 비롯한 많은 영국인들의 사랑 덕분에 몰티즈는 미국, 캐나다 등 북미 신대륙에서도 인기 견종으로 급부상하게 된다.

일부 애견 전문가들은 애견계의 꽃미남 요크셔 테리어(Yorkshire Terrier) 개발 과정에서도 몰티즈의 혈통이 일부 들어간 것으로 추정할 정도로 몰티즈는 다른 소형 애견 품종 개발에 활용되기도 했다.

5. 푸들, 너무나 영리하고 애교 많은 개

귀여운 외모에 속지 마세요, 푸들은 영리한 물새 사냥개

푸들은 물새 사냥개

현대사회의 많은 개들은 예전에 비해 확실히 밥값을 하지 못하고 있다. 지금으로부터 불과 100여 년 전만 해도 개들은 야외에서 양과 소 같은 가축을 늑대로부터 보호하고, 토끼나 여우와 같은 사냥감들을 추격하는 등 요긴하게 사용되었다. 도시에 사는 개들도 마냥 놀지 않고 주인 대신 밤에 불침번을 서며 도둑을 잡았다.

하지만 요즘 도시에 사는 대부분의 개들은 집에서 주인이 주는 밥을 먹고, 하루의 대부분 시간을 놀이와 잠으로 소진하고 있다. 어떻게 보면 생산적인 활동은 극히 미미하다. 필자 입장에서 보면 주인이 집에 오면 열심히 꼬리치고 주인 손등을 핥아주는 정도가 서울 같은 도시에 사는 대부분의 개들이 하는 가장 큰 일이다.

2011년 5월 건국대 수의대 애견한마당에 참석한 미니어처 푸들.

그렇지만 푸들(Poodle)은 현대사회에서도 전 세계 각국에서 다양한 분야에서 열심히 활동하며 자기 밥값을 확실히 해내는 유능한 일꾼이다. 푸들 중 가장 덩치가 큰 스탠다드 푸들(Standard Poodle)은 사냥꾼의 총에 맞아 물가에 떨어진 새를 회수하는 리트리버(Retriever, 회수견)와 비슷한 역할을 하는 물새 사냥개다.

중간 크기의 미니어처 푸들(Miniature Poodle)과 가장 작은 토이 푸들(Toy Poodle)은 도시에서 인기 있는 애완견이다. 이들은 스탠다드 푸들을 개량하여 만든 소형종으로 특별한 일을 하지 않고 주인을 위해 꼬리만 잘 흔들어도 사랑받지만 기특하게도 이 작은 푸들은 사역견(working dog) 노릇도 곧잘 한다.

소형 푸들 중 일부는 프랑스, 독일 등 유럽에서 고급 식재료로 사용되는 송로버섯의 일종인 트러플(truffle)을 찾는 트러플 도그(truffle dog)으로도 활동한다. 트러플을 찾는 일에는 프랑스 등 일부 유럽에서는 돼지를 활용하기도 하지만 이 경우 귀한 버섯이 돼지의 무게나 과도한 힘에 의해 손상되는 경우가 있다. 하지만 예쁜 푸들을 이용하면 돼지와 같이 무거운 동물을 이용하여 버섯을 캐는 것보다는 귀한 버섯을 덜 상하게 한다는 장점이 있다.

또한 사람들을 즐겁게 하는 서커스 묘기에서 가장 많이 사용되는 개도 미니어처 푸들이다. 서커스단에서 선보이는 각종 묘기에는 영리한 푸들이 가장 적합한데, 이는 푸들의 학습능력이나 연기능력이 다른 개에 비해 탁월하기 때문이다. 푸들의 지능은 개 중에서 가장 영리하다는 보더 콜리와 항상 1, 2위를 다투는 것으로 알려져 있다. 물론 푸들의 예쁜 외모도 서커스 주인공이 된 중요한 요인 중 하나일 것이다.

푸들 하면 가장 먼저 떠오르는 것은 곱슬곱슬한 털을 미용하여 한껏 멋을 부리는 것이다. 그렇지만 푸들의 미용은 단순히 외모의 아름다움을 얻기 위해 시작된 것은 아니다. 푸들은 앞서 언급했듯 엽사의 총을 맞고 물에 떨어진 물새를 입에 물고 주인에게 가져다주는 사냥개였다. 물새 사냥개로 개량된 골든 리트리버(Golden Retriever)와 아메리칸 코커 스파니엘(American Cocker Spaniel)과 같이 푸들도 물새 잡이를 위해 만들어진 개였다.

곱슬곱슬한 털이 많은 푸들이 물새를 건져오고자 입수하면 털이 젖어 헤엄을 잘 치지 못하므로 심장이 있는 가슴과 관절이 있는 발목 부근의 털만 남기고 나머지 부분은 짧게 깎아준 것이 푸들 미용의 유

래가 되었다. 심장 근처에 털을 남겨
둔 것은 차가운 물에 갑자기 들어갈 때
생길 수 있는 심장마비를 예방하기 위
한 조치라고 한다.

그런데 털을 깎은 푸들의 이런 모습
이 애견가들에게 예쁘게 보이자, 사냥
개가 아닌 애견으로 푸들을 사육할 때
도 트리밍을 시켜주었다. 결국 실용적
인 목적으로 하였던 미용이 나중에는
그 개의 가장 큰 매력이 된 셈이다.

대구에서 중학생 아이들의 사랑으로 자라는
토이 푸들 '오둥이'. 트리밍을 마친 지 얼마
되지 않은 상태의 모습이다. 전형적인 푸들
의 특징을 가진 개로 애교 만점이다. 2010
년 8월생인 암컷이다.

15~16세기 이후 프랑스, 독일 등 유
럽에서는 물새 사냥용 대신 트리밍을
한 애견용으로 예쁘고 작은 푸들에 대
한 수요가 늘어났다. 이러한 추세에 맞춰 미니어처 푸들, 토이 푸들이
순서대로 개발되게 되었다.

푸들의 원산지를 둘러싼 프랑스와 독일의 논쟁

대부분의 사람들은 푸들의 원산지를 프랑스로 알고 있지만 여기에
는 이견이 있다. 한국과 일본만큼 역사적, 민족적 갈등이 있는 독일과
프랑스가 푸들의 기원을 놓고 한때 신경전을 펼친 적이 있다.

원래 푸들이라는 단어는 독일어 푸델(pudel)에서 나온 것으로 푸델
은 '첨벙거리며 흙탕을 튀기다(to splash in the water)'라는 뜻이다. 푸
들의 최초 용도가 물새 사냥개였다는 것을 고려하면 푸델이라는 말
은 그 역할에 딱 맞는 것 같다.

독일은 푸델의 어원적 면을 고려하여 푸들의 원산지는 자국이라고 주장했고, 프랑스는 푸들을 규격화하고 체계화시킨 점을 강조하며 푸들은 프랑스 개라고 주장하면서 양국은 신경전을 벌인 적이 있었다.

푸들의 원산지를 둘러싼 독·불 양국의 대립은 계속될 것 같았지만 권위 있는 세계애견연맹(FCI)이 프랑스 측의 주장을 인정하자 말 많던 푸들 원산지 논쟁은 프랑스의 승리로 일단락되게 되었다. 독일 입장에서는 상당히 억울할 수 있는 판정이었지만, 이후 푸들의 원산지 논쟁은 종료되고 푸들은 프랑스의 대표적인 개로 국제적으로 공인되었다.

같은 개 맞아요? 푸들이 일본에 가면 다른 느낌

푸들은 원래 물새 사냥개로 차가운 물에 첨벙 뛰어들었을 때 심장을 보호하고 말초 부분의 체온을 유지하기 위하여 심장이 있는 가슴과 물에 살이 직접 닿는 발 주변의 털은 깎지 않고 풍성하게 길러주었다. 그런데 이렇게 실용적인 목적으로 시작된 트리밍(trimming)이 요즘에는 오로지 미용 목적으로만 사용되고 있다. 필자 주위에 푸들을 키우는 사람치고 푸들을 데리고 물새를 사냥하겠다는 사람은 본 적이 없다. 우리나라와 이웃나라인 일본은 지리적으로는 매우 가까운 나라지만 여러 면에서 상당히 다르다. 밥과 국을 먹는 방법, 인사하는 방법 등 사실 외모

경기도 성남에 살고 있는 '초코'. 우리나라 푸들은 얼굴 특히 주둥이 부분을 시원하게 면도시켜서 깔끔한 느낌을 준다.

상으로 비슷하게 생겼다는 것 말고는
다른 점이 너무나 많은 나라다.

푸들의 트리밍 방법을 보더라도 그
차이를 확연히 느낄 수 있다. 먼저 우
리나라의 푸들 트리밍은 가급적 주둥
이 주위의 털을 면도한 것 같이 바짝
잘라줘서 스마트하고 날렵함을 강조
한다.

재일교포들이 많이 사는 일본의 오사카에서 살
고 있는 토이 푸들. 부드럽고 귀여운 이미지
를 강조한 푸들 트리밍이다.

일본 푸들의 경우, 주둥이 주변을
뭉툭하게 잘라줘서 부드러운 이미지
를 강조한다. 트리밍 차이로 인해 같은 푸들이 전혀 다른 품종 같이
느껴지기도 한다.

한일 양국은 애견 문화에서도 이렇게 많은 차이가 있는 것 같다.

6. 서민을 위해 태어난 애견계의 얼짱, 쥐잡이 개 요크셔
   테리어

요크셔 테리어 탄생 배경

요크셔 테리어(Yorkshire Terrier)는 소형견 중 포메라니안과 함께
양대 얼짱으로 손꼽히는 개다. 예나 지금이나 페트숍(pet shop)에서
가장 잘 팔리는 품종 중 하나가 요크셔 테리어다. 한마디로 말하면
애견계의 '베스트셀러'이면서 '스테디셀러'라고 할 수 있다. 아마 책
으로 표현하면 이문열 작가의 '삼국지', 조정래 작가의 '태백산맥', 시
오노 나나미의 '로마인 이야기' 정도가 될 것이다.

필자가 키웠던 요크셔 테리어 암컷 '모모'.

요크셔 테리어는 테리어의 일종이다. 테리어(Terrier)라는 것은 흙을 상징하는 terra가 어원으로 땅 속 작은 굴이나 바위틈에 숨어 사는 사냥감을 잡아내는 개들이다. 즉 흙과 아주 가까운 거리에 있는 사냥감들을 사냥하는 작은 개들인 셈이다. 이 녀석들은 보통 체격은 작지만 매우 움직임이 활발한 특징을 가지고 있다. 여우 사냥개인 폭스 테리어(Fox Terrier), 쥐나 수달을 잡는 사냥개인 웨스트 하일랜드 화이트 테리어(West Highland White Terrier), 수달과 여우를 잡는 사냥개인 에어데일 테리어(Airedale Terrier) 그리고 힘을 주체하지 못해 무모하다는 평가를 받는 불테리어(Bull Terrier)까지 각종 테리어들은 모두 하나같이 활기차고 에너지가 넘치는 성향이 있다.

그러면 요크셔 테리어는 무엇을 사냥하는 개일까? 바로 다름 아닌 쥐였다. 산업혁명이 한창이던 18~19세기 공장 등의 일자리는 영국의 중심부인 잉글랜드(England)가 스코틀랜드(Scotland)에 비해 월등히 많았다고 한다. 그래서 많은 스코틀랜드 청년들은 일자리를 찾아 잉글랜드의 요크셔 지방으로 이주했다. 당시 요크셔의 탄광과 방직공장은 젊은이들의 일손이 많이 필요했고 가장 동원 가능한 인력은 이웃인 스코틀랜드 청년들이었다.

요크셔의 공장이나 탄광에는 쥐가 특히 많았다. 쥐는 식량을 축내고 전염병도 옮기는 존재여서 어느 곳에서도 환영받지 못한다. 특히 공장이나 탄광과 같이 폐쇄된 공간에서는 더 제거해야 할 대상이었다. 좁은 실내에서도 빠른 몸놀림으로 쥐를 잘 잡는 작은 쥐잡이 개 (ratter)는 당시 정말 필요한 존재였다.

베일에 싸인 요크셔 테리어 개발 과정

바늘 가면 실 가듯이 사람이 움직이면 키우는 개들도 이동하는 법이다. 요크셔로 이주한 스코틀랜드 노동자들은 고향에서 키우던 작은 테리어들을 데리고 이주했다. 요크셔 테리어는 스코틀랜드인들이 요크셔로 이주할 때 데려온 작은 테리어들과 요크셔의 토착 소형견을 교배하여 만들어졌다고 한다. 하지만 이 개를 만든 사람들이 요크셔 테리어 개발 당시 사용했던 개들에 대한 기록을 남기지 않아 어떤 개들이 요크셔 테리어의 선조인지는 지금도 불분명하다.

필자가 키웠던 요크셔 테리어와 시추. 왼쪽이 '따봉', 오른쪽이 '모모', 뒤에 있는 시추는 '아롱이'.

대신 요크셔 테리어의 얼굴, 털, 짙은 푸른색(강청색) 모색, 강아지 시절 블랙 탄 무늬 발현 등을 보면 지금은 멸종된 스코틀랜드 개 클라이즈데일(Clydesdale), 영국의 쥐잡이 전문 사냥개 댄디 딘몬트 테리어(Dandi Dinmont Terrier), 소형 애견의 고전인 몰티즈(Maltese) 등이 요크셔 테리어 개발에 사용된 것 같다.

요크셔 테리어, 영국 쥐잡기 경연대회에서 단연 두각

영국이 전성기를 구가하던 19세기 영국에서는 작은 개를 이용하는 쥐잡기 경연대회(Ratting Contest, Rat Killing Contest)가 상당한 인기를 얻으며 성행하였다. 당시 서민들에게는 오늘날의 프로축구처럼 딱히 재미있는 소일거리가 없었는데 이런 쥐잡기 게임은 간단한 도박거리로도 인기가 꽤 있었다고 한다.

쥐잡기 게임에서 단연 두각을 나타낸 개는 다름 아닌 요크셔 테리어였다. 특히 각종 대회 수상 경력이 뛰어난 수컷 '허더스필드 벤(Huddersfield Ben)'은 후일 요크셔 테리어의 기초가 된 개로 높이 평가받고 있다.

1865년 요크셔 허드스필드에서 태어난 이 개는 사고로 6년 후 죽었지만 남겨놓은 발자취는 컸던 것 같다. 많은 자손을 남겼는데, 사람으로 치면 한 가문의 중시조 역할을 했다고 보면 된다. 이렇게 적어놓고 보니 무슨 대단한 업적을 남긴 위인전기를 쓰는 것 같은 기분이 들어 묘하다.

7. 실물이 사진보다 더 예쁜 근육질의 불테리어, 나도 한때는 투견

테리 야마모토의 만화 '바우와우(Bow Wow)'의 주인공으로 유명한 불테리어(Bull Terrier)는 온몸이 근육질인 개로 지칠 줄 모르는 힘의 소유자다. 이 개는 튼튼한 외모와 걸맞게 투견용으로 만들어졌다. 불테리어는 암소와의 싸움을 위해 만들어진 불도그와 지금은 멸절되어 버린 화이트 맨체스터 테리어를 교배하여 만들어졌는데, 후일 시각형 하운드인 휘펫 등의 혈통도 추가되었다고 한다.

영국에서 투견이 법적으로 금지된 이후 이 개는 공격성을 약화시키는 방향으로 개량되었다. 그 결과 본래의 불테리어 개발 의도와는 전혀 다른 개로 재탄생하여 많은 사람들의 사랑을 받게 되었다.

필자가 이 개를 귀엽다고 말하면 동의하지 않는 분들도 있겠지만 사진이 아닌 실물로 이 개를 보면 '정말 귀엽다'는 생각이 저절로 든다. 불테리어는 속칭 '사진발'이 잘 안 나오는 좀 억울한 개라고 할 수 있다.

불테리어는 원래 갈색 계열이었는데 순백색 개량종이 나오자 그 인기가 전 세계적으로 급등했다. 흰색 불테리어를 얻기 위해 기존 불테리어에 잉글리시 화이트 테리어와 디즈니 만화인 '101마리 달마시안'으로 유명한 달마시안의 혈통도 더 추가되었다고 한다.

필자가 그린 바우와우의 그림. 바우와우의 주인공은 화이트 불테리어다.

한편 영국에서 태어난 불테리어는 미국으로 건너가 보스턴 테리어 탄생에 결정적인 역할을 한다. 보스턴 테리어는 불도그와 불테리어를 교배시켜 만든 개로 이후 개량과정에서 프렌치 불도그의 혈통도 일부 들어간 것으로 알려져 있다.

서울시 광진구 화양동 애견카페에서 살고 있다.

불테리어는 투견의 성질이 많이 약화되었지만 간혹 공격성을 보이는 경우도 있다. 특히 아이들만 있는 곳에 불테리어를 노출시키는 것은 별로 바람직한 것 같지 않다. 아이들이 어리면 조금 조심하는 편이 좋겠다.

또한 불테리어는 물고 뜯는 것을 좋아한다. 따라서 주인은 그런 피해가 없도록 가급적 가구를 불테리어의 강력한 입에 노출시키지 않는 것이 바람직하다.

아래 사진을 보면 알겠지만 불테리어와의 행복한 생활을 위해 나중에 후회하지 않는 현명한 조치가 필요하다. 일부 애견가들은 불테리어의 강력한 턱 때문에 '또 다른 악마견'이라고 하지만 필자가 보기에는 그 개의 특성을 고려하여 키우면 큰 마찰 없이 기를 수 있는 개다.

의자를 물어뜯고 있는 불테리어. 가급적 이런 피해가 발생하지 않도록 미리미리 가구를 정리·정돈할 필요가 있다.

8. "빵 없으면 케이크 먹으라"는 마리 앙투아네트의 애견 파피용

프랑스 부르봉 왕가의 대표 애견 파피용

많은 사람들은 '파피용(Papillon)'이라는 프랑스 단어를 들으면 스티브 맥퀸이 주연한 영화 '파피용'이 먼저 생각날 것이다. 하지만 영화보다는 개를 더 좋아하는 필자는 '파피용'이라는 아름다운 개가 먼저 생각난다. 파피용은 프랑스의 대표적 미견(美犬)으로 너풀거리는 귀가 나비를 닮았다고 해서 프랑스어로 나비를 뜻하는 '파피용'이 그 이름이 되었다고 한다.

파피용의 기원은 아직까지 불확실하다. 일설에 의하면 유럽의 무역상들이 노새나 나귀의 등 뒤에 이 작은 개를 싣고 프랑스와 스페인 등의 국경을 넘어 다니면서 귀족이나 왕족에게 비싼 값에 팔았다는

생후 3개월이 된 파피용 강아지.

얘기가 있다. 또 다른 설에 의하면 티베탄 스파니엘(Tibetan Spaniel) 계열 개들이 유럽에서 다른 혈통과 섞여서 만들어진 품종이라고도 한다.

파피용은 16세기 이후 유럽의 왕가, 귀족들로부터 폭 넓은 사랑을 받았다. 특히 프랑스 부르봉 왕가(Bourbon Dynasty)와 르네상스 시대 당시 이탈리아의 부유한 도시국가들로부터 많은 인기가 있었다.

마리 앙투아네트와 파피용

파피용과 가장 인연이 깊은 인물은 프랑스 루이 16세의 부인이자 오스트리아제국 공주인 마리 앙투아네트(Marie Antoinette)다. 그녀는 공주로 태어나 프랑스의 왕비가 되었으니 그녀만큼 고귀한 혈통은 유럽에서 찾기 어려웠을 것이다.

하지만 그녀의 지나친 사치와 거만함으로 프랑스인의 사랑을 받기는커녕 '오스트리아 여인'으로 불리며 경멸의 대상이 되었었다. 그녀는 프랑스에 기근이 들어 서민들이 굶주림에 시달리고 있다는 이야기를 듣자 "빵이 없으면 케이크를 먹으면 되죠"라는 생뚱맞은 말을 했다는 소문이 퍼지면서 증오의 대상으로 추락하기도 했다. 그녀가 진짜 그 말을 했다는 문헌적 증거는 없지만 소문만으로도 그녀는 당대뿐만 아니라 사후 역사에서 비호감 1순위가 되었다. 서민들의 속을 다 뒤집어 놓은 그 말은 사실 그녀가 아닌 루이 14세의 부인 스페인 출신 마리 테레즈 왕비가 했다는 설이 더 유력하다.

비록 프랑스 서민들의 아픔을 모르고 외면한 그녀였지만 자신이 키우던 애견 파피용들은 무척 사랑하고 아꼈다고 한다. 그녀가 키우던 파피용들은 파리에 있는 파피용 하우스(Papillon House)라는 곳에서 각별히 돌보아졌다.

　루이 16세 당시 프랑스 서민들은 하루 세 끼 식사 해결도 쉽지가 않을 정도로 생활이 힘들었다. 따라서 사치가 심한 오스트리아 출신 왕비가 파피용을 호사스럽게 키우는 모습이 빈곤한 당시 서민들에게 좋게 보일리가 만무했을 것이다.

　1789년 바스티유 감옥 습격 사건으로 촉발된 프랑스 대혁명으로 마리 앙투아네트와 루이 16세는 혁명군에 의해 베르사유 궁전에서 튈르리 궁전으로 강제 이주되며 사실상 감금생활에 접어든다. 1791년 왕비의 친정 오스트리아의 도움을 받아 국왕 부부는 탈출을 시도하지만 붙잡히고, 이듬해에는 땡플탑에 유폐되는 수모를 겪는다. 결국 1793년 1월 21일 루이 16세가, 10월 16일에는 마리 앙투아네트가 콩코드 광장의 단두대에서 참수된다.

　마리 앙투아네트 죽음과 얽힌 뒷얘기들

　마리 앙투아네트가 기요틴(guillotine)이라 불리는 단두대에 올라 자신이 키우던 파피용들과 함께 참수형에 처해졌다는 얘기도 전해지지만 이는 어디까지나 그녀에 대한 증오가 낳은 소문에 불과한 것으로 추정된다. 사람을 죽이는 용도로 만들어진 커다란 기요틴으로 그 작은 개들을 사형시키기는 불가능했을 것이다. 대신 이런 소문이 생길 정도로 당시 프랑스인들이 파피용의 주인인 마리 앙투아네트를 증오했다고 보면 될 것이다.

　프랑스인들이 얼마나 그녀를 미워했는지는 정말 끔찍한 얘기도 있다. 프랑스에서 단두대를 이용하여 참수할 때는 사형수의 얼굴이 땅을 쳐다보도록 하여 자신의 목을 칠 칼날을 보지 못하게끔 배려한다.

그러나 그녀에게만은 단두대의 칼날을 보면서 죽음의 공포를 느끼도
록 했다고 한다. 특별히 하늘을 보면서 자신의 최후를 자신의 눈으로
지켜보게 만들었다는 이야기인데 이 역시 풍문일 뿐 사실은 아닌 것
으로 여겨진다.

단두대에 관한 단상

몰티즈 편에서 형장의 이슬로 사라진 프랑스 왕비 마리 앙투아네
트 얘기가 잠시 나왔는데, 파피용 편에서도 또 등장하니 문제의 단두
대(Guillotine) 얘기를 안 할 수가 없게 되었다. 단두대는 18~19세기 당
시 일부 유럽국가에서 사용되었던 사형도구로 1792년 프랑스에서 최
초로 도입되었다. 당시 단두대가 도입된 데에는 사형수를 배려하자는
인도주의적 배경이 있었으니 참으로 아이러니한 이야기다.

옛날에 칼을 이용하여 사형수를 참(斬)할 경우, 한 번에 목을 베기
가 어려워서 3~5차례나 목을 내리쳐야 하는 경우가 허다했다. 그럴
경우 사형수의 고통이 너무 심하여 매일 많은 사형수가 나오는 프랑
스에서는 사형 방법에 대한 고민이 사회적 이슈가 되기도 했다. 프랑
스인들은 인도주의적 사형을 위해 한 번에 사형수를 죽일 수 있는 방
법을 고민했고, 그 결과 탄생한 것이 바로 단두대였다.

조선시대에도 참수형을 할 때 사형수의 고통은 심각했다고 한다.
그래서 사형수 가족들은 사형 집행자인 망나니를 찾아가 고통을 극
소화하여 한 번의 칼놀림으로 참(斬)하도록 뇌물을 주기도 했다.

특히 조선 말기 수많은 천주교 신자들이 종교적 박해로 참형을 당
할 당시 망나니에게 건네지는 이러한 뇌물은 보편화되었다. 당시 우
리 선조들은 망나니에게 주는 뇌물을 속참행하(速斬行下)라고 했는

데, 이 말은 글자 그대로 해석하면 '빨리 (죄인의) 머리가 떨어지게 행하라'는 것이다. 가족이 죽는 것도 견디기 힘든 일인데 오히려 빨리 고통 없이 죽여 달라고 뇌물을 써야 했으니 이 얼마나 기가 막힌 일인가?

단두대는 두 개의 큰 기둥 사이에 비스듬하게 육중한 무쇠 칼을 걸어 놓고 사형 집행인이 밧줄을 끊으면 그 칼이 떨어져 죄인의 목을 자르는 중력의 법칙을 이용한 매우 간단한 기계다. 하지만 이런 간단한 기계로 죽은 사람이 부지기수이니 무서운 기계이기도 하다.

1787년 프랑스 대혁명 발생 이후 프랑스의 급진 개혁파인 자코뱅파(Jacobin)는 왕족과 귀족들을 포함한 '앙시앵레짐(Ancien Regime)'이라는 구세력과 혁명에 미온적이었던 당통(Georges Danton) 등 지롱드파(Gironde)를 숙청하기 위해 무자비하게 사람들을 죽였다. 그때 그들이 즐겨 사용하던 것이 바로 단두대였다.

자코뱅파에서도 특히 단두대를 이용한 과감한 정적 숙청에 앞장섰던 혁명가가 바로 로베스 피에르(Maximilien Robespierre)인데, 그런 그도 결국 단두대에서 생을 마감하게 된다. 로베스 피에르는 파피용의 열렬한 애호가인 마리 앙투아네트와 그의 남편 루이 16세를 단두대에 세워 처형시킨 주역이기도 하다.

단두대는 20세기에도 사용되었는데 단두대의 가장 열렬한 애호가는 2차 세계대전의 원흉으로 악명 높은 아돌프 히틀러(Adolf Hitler)이다. 일설에 의하면 그가 단두대에서 죽인 사람은 단두대의 원조인 프랑스에서 수백 년 동안 행해졌던 단두대 사형수보다도 더 많았다고 한다.

인종주의자인 히틀러는 개에 대해서도 독일산 개만을 좋아했는데 독일 셰퍼드의 열렬한 애호가였다고 한다. 히틀러의 독일 셰퍼드 사랑은 나중에 셰퍼드 편을 만들게 되면 자세히 다루겠다.

9. 턱시도를 입은 '아메리칸 젠틀맨' 보스턴 테리어

미국 최고 명문대학과 명문 야구단을 가진 보스턴

드디어 기다리던 2012년 프로야구 정기시즌이 개막되었다. 올해는 프로야구 역대 최다 관중인 7백만 돌파를 목표로 할 정도로 우리나라의 야구 열기는 뜨겁기만 하다.

필자는 운동경기 중 야구를 가장 좋아한다. 많은 안타와 홈런이 나오는 타격전보다 공 하나하나의 배합을 둘러싼 투수와 타자 간의 숨막히는 두뇌싸움을 더 좋아한다. 야구는 정확히 말하면 '투수·포수 연합군' 대 '외로운 타자'와의 불공정한 싸움이다. 그래서 타자가 열 번 나와서 세 번만 안타를 쳐도 3할 대의 강타자라고 치켜세우며 많은 연봉을 준다.

보스턴 테리어(Boston Terrier)의 고향인 미국 보스턴도 야구로 유명한 도시다. 메이저리그 최고 인기 구단 중 하나인 보스턴 레드삭스(Boston Red Sox)는 여러분도 잘 알 것이다. 보스턴은 미국에서 역사가 가장 오래된 도시, 야구의 도시일 뿐 아니라 하버드대와 MIT라는 약칭으로 더 친숙한 매사추세츠 공과대학이 있는 교육 도시이기도 하다.

'아메리칸 젠틀맨' 보스턴 테리어에 대한 몇 가지 상식

전 세계 대부분의 품종들은 최근 300여 년 이내에 만들어졌는데, 이 보스턴 테리어도 19세기 말 보스턴에서 만들어진 신생 품종 중 하나다.

애견가라면 이미 알고 있겠지만 미국이 원산지인 품종은 별로 없다. 우리가 아는 대부분의 품종은 유럽과 중국이 원산지이다. 일반인들이 아는 미국 원산의 품종으로는 아메리칸 코커 스파니엘(American Cocker Spaniel), 아메리칸 아키다(American Akita) 그리고 보스턴 테리어 정도다.

하지만 이 개들은 미국이 원산지라고는 하나 원래 영국, 일본에서 미국으로 건너간 후 미국에서 일부 개량되어 새로운 품종으로 만들어진 것이다.

생후 2개월 된 보스턴 테리어 암컷.

보스턴 테리어는 영국의 국견(國犬)인 불도그(Bull Dog)와 불테리어(Bull Terrier)를 교잡시켜 만든 것으로 알려져 있다. 그 외에도 품종 개량 과정에서 프렌치 불도그(French Bull Dog)와 독일이 고향인 복서(Boxer)의 혈통도 일부 들어갔다는 주장도 있다.

보스턴 테리어의 얼굴을 보면 불도그가 떠오르고 날씬한 다리와 근육질 몸을 보면 영판 없는 불테리어를 연상시킨다. 보스턴 테리어를 만드는 과정에서 불도그의 얼굴 주름은 대부분 없어졌고, 불테리어의 터질 것 같이 탱글탱글한 근육도 자연스런 수준으로 완화되어 훨씬 부드러워 보인다. 어떻게 보면 보스턴 테리어는 이 개들의 업그레이판이라고 할 수 있다.

원래 보스턴의 애견가들이 보스턴 테리어를 만든 목적은 투견을 생산하기 위함이었다. 하지만 보스턴 테리어는 원래 목적과는 달리 공격성을 약화시키는 방향으로 개량되었고 그 결과 전 세계인들의 폭 넓은 사랑을 받는 애견으로 성장했다.

필자가 십수 년 전 보스턴 테리어 강아지를 처음 보았을 때 느낌은 "이게 뭐지? 불도그 같기도 한데 너무 귀엽네. 정말 귀엽네"였다. 아마 대다수 애견가들이 이 개를 보면 "정말 귀엽다"라는 느낌을 받을 것이다. 보스턴 테리어 강아지는 그야말로 '귀여움의 결정체'다.

마치 턱시도를 입은 것 같은 단정한 모습의 보스턴 테리어는 성격도 점잖아서 미국인들은 이 개를 '아메리칸 젠틀맨(American Gentleman)'이라고 높여 부르기도 한다.

보스턴 테리어를 키울 때는 난산(難産)에 주의해야 한다. 불도그의 혈통을 이어 받아 머리가 큰 편이라 새끼의 큰 머리가 출산할 때 어려움을 주기 때문이다. 또한 보스턴 테리어는 더위에 약한 편이므로 여름에는 통풍이 잘되는 시원한 공간을 제공해주면 좋다.

::스핀오프: 동물이야기 〈1〉 까치

이 죽일 놈들아 "함께 살자!"

유해조수로 낙인, 죽은 몸값 3,000원 수난시대 … 산란기 둥지 사수 '사람과의 전쟁 중'

지난겨울, 내가 사는 아파트 화단의 감나무에 홍시가 제법 주렁주 렁했다. 늘 넉넉한 표정의 경비아저씨가 까치밥(까치 따위의 날짐승 이 먹으라고 따지 않고 남겨두는 감)으로 남겨둔 것이다.

까치가 재잘거리면서 마지막 남은 홍시를 쪼아 먹는 모습을 설 아 침에 봤다. "까치 까치 설날은 어저께고요. 우리 우리 설날은 오늘이 래요"라는 노랫말이 절로 입에서 맴돌았다.

까치는 소문난 길조(吉鳥). 까치 우는 소리를 들으면 호사(好事)가 있을 것이라고 했다. 옛말이 공연한 소리는 아닐 터. 올해는 좋은 일 이 많이 생길 것 같다.

참새목 까마귓과의 까치는 한자어로 작(鵲)이라 하며 희작(喜鵲), 신녀(神女)라고도 불렸다. 어깨, 배, 허리는 흰색이고 머리에서 등까지는 금속성 광택이 나는 검은색을 띤다.

그런데 희작, 신녀가 요즘 수난을 당하고 있다. 농촌과 도시에서 '이 죽일 놈의 까치'가 된 지 오래다. 환경부는 2001년 까치를 유해조수로 지정하기도 했다.

탕~.

"정전사고 5%가 까치집 때문"

이따금 아내와 함께 산책을 가는 산에서 요즘 엽총 소리가 끊이질 않는다. 내가 사는 서울의 한 자치구는 4월 말까지 800마리의 까치를 죽이는 것을 목표로 정해놓았다. 까치를 꼬꾸라뜨린 엽사(그들은 '유해조수구제반'이라고 적힌 조끼를 입고 있다)의 표정은 의기양양했다. 즐거워했다. 한 마리를 죽일 때마다 한국전력공사(이하 한전)에서 3000원씩 준단다.

한전이 까치를 미워하는 이유는 녀석들이 철사, 비닐 따위를 주워다가 전신주에 둥지를 틀기 때문이다. 정전사고의 5%가 까치집 탓이란다. 그래서 한전에 전화를 걸어봤다.

"한마디로 죽일 놈들이죠. 우리가 까치를 잡는 데 쓰는 인건비만 1년에 200억 원이 넘어요. 연인원 15만 명이 투입된다고요."

녀석들은 요즘 '러브'가 한창이다. 산란기에 접어든 것. 까치는 봄에 갈색 얼룩이 있는 연한 녹색 알을 대여섯 개쯤 낳는다. 까치가 알을 낳고 부화하는 지금 '까치와 사람의 전쟁'은 치열하다. 유해조수구제반은 익숙한 솜씨로 암수가 꾸려놓은 '러브 하우스'도 걷어낸다. 알과 새끼는 길바닥으로 추락한다.

여기서 초등학생용 논술 문제 하나.

ㅡ요즘 까치로 인한 정전사고가 늘고 있다. 정전을 막기 위해 까치를 잡아야 할까?

내가 채점자라면 녀석들이 전신주에 집을 짓게 된 원인을 짚으면서, 나름의 대안을 제시한 답안에 높은 점수를 줄 것 같다. 자연의 나무보다 전봇대를 좋아할 새는 없다. 까치가 좋아하는 미루나무를 주변에서 본 적이 있는가.

까치는 본래 마을 어귀 '굵은 나무' 위에 마른 가지를 모아 둥치를 틀던 새다. 좀처럼 터전을 옮기지 않는 탓에 둥지는 해마다 커진다. 그런데 큰 나무가 없다 보니 가는 나무 위에서 위태롭게 살거나 전봇대에 집터를 마련하는 것이다.

어떤 대학의 동물학과에선 까치와 사람의 상생을 모색키 위해 '까치가 둥지 트는 법'을 연구 중이다. 그런데 예산이 부족해 성과가 더디단다. 까치로 골머리를 앓는 한전이 이 대학의 연구를 지원하면 어떨까 하는 순진한 생각도 해본다.

까치의 절멸(絶滅)을 소망하는 사람은 아마도 없을 것이다. 그래서 '이 죽일 놈의 까치'와 상생하는 방법을 찾는 것은 우리의 숙제다.

끝으로 김남주의 시 '옛 마을을 지나며'의 한 대목을 소개한다. 시인이 읊은 '조선의 마음'은 이렇다.

"찬 서리/ 나무 끝을 나는 까치를 위해/ 홍시 하나 남겨둘 줄 아는/ 조선의 마음이여"

:: 까치

- 학명: Pica pica serica
- 분류: 참새목 까마귓과
- 생활 방식: 소규모 무리 생활
- 크기: 몸길이 45cm, 날개길이 19~22cm
- 색: 검은색(머리·가슴·윗면), 흰색(아랫면)
- 생식: 1회에 5~6개의 알을 낳음.
- 서식처: 평지 촌락 주변, 시가지 공원, 주택가
- 분포 지역: 유라시아 중위도 지대, 북아프리카, 북아메리카 서부

제2장

썰매개 그룹

1. 개를 죽여 개 사료로? 공포의 아문센 남극 원정기

아문센과 스콧의 숙명의 대결, 승인 및 패인 분석

노르웨이 극지 탐험가 아문센(Roald Engelbregt Gravning Amundsen) 은 1911년 11월 19일 5명의 탐험대원과 썰매개 16마리와 함께 인류 최초로 남극점에 도달한다. 아문센은 1905년 10월 29일 스웨덴의 통 치에서 독립한 지 만 6년이 갓 지난 신생 독립국인 노르웨이에 남극 점 정복이라는 대단한 영예를 안겨주었다.

한편 영국 해군 장교인 스콧(Robert Falcon Scott)이 이끄는 탐험대 는 그로부터 33일 뒤인 1912년 1월 17일 노르웨이 깃발이 꽂힌 남극 점에 도착했고 이후 귀환 길에서 저체온증과 굶주림으로 대원 모두 사망하는 끔찍한 비극을 맞게 된다. 당시 원정대장 스콧은 자신의 부 인에게 'To my widow(나의 미망인에게)'라는 유서를 남겼는데 케임 브리지대학 부설 스콧극연구소가 2007년 스콧의 남극 도달 95주년을 기념하여 이것을 공개하여 세계적 화제를 낳기도 했다.

아문센과 스콧의 세기의 남극 정복 경쟁에서 결정적인 승부처는 운송수단의 선택이었다. 아문센은 이미 북극에서 유용한 운송수단임을 수천 년간 검증받아온 개썰매를 선택한 반면 스콧은 만주 말과 사람이 만든 스노모빌을 선택했다. 그 결과 아문센의 썰매개는 북극과 다름없이 최고의 실력을 발휘하여 그들의 주인들을 무사히 남극점에 안내하고 귀환까지 책임졌다. 하지만 스콧이 선택한 스노모빌은 원정이 본격적으로 시작되기도 전에 이미 동파되었고 만주 말들도 남극의 혹독한 추위를 견뎌내지 못하고 동사하고 말았다.

아문센이 데리고 간 썰매개들은 그린란드 썰매개로 조악한 먹이, 극한의 추위 그리고 장기 레이스에 이미 단련된 녀석들이었다. 반면 말들은 엄청난 사료가 필요했고 극한의 추위에도 약하여 애당초 남극점까지 가기에는 무리가 있었다. 남극원정 시작 전부터 양 팀의 승부는 이미 결정 난 셈이었다.

물론 이외에도 아문센 원정대는 모직물을 선택한 영국팀과는 달리 털가죽 옷을 선택하여 의류에서의 우위를 점했고, 현지에서 바다표범 등을 잡으며 최대한 식량을 아껴서 식량이 부족한 일은 없었다. 또한 아문센 원정대는 빠른 진군을 위해 뛰어난 스키어들을 확보했고 비상 식량 확보를 위해 포경선 사수를 구하는 등 철저하게 그 목적에 맞는 대원 선발을 하였다. 이러니 아문센 원정대가 지기 어려운 경기였다.

아문센은 썰매개들을 운송수단만으로 데리고 갔을까?

그런데 아문센은 왜 썰매개를 데리고 원정을 떠났을까, 오로지 순수하게 운송으로만 데리고 갔을까? 애석하게도 그 답은 "아니다"이다.

남극 원정 구상 단계부터 아문센은 썰매개를 운송과 식량 두 가지로 사용할 것을 생각하고 떠난 것 같다. 아문센은 남극 고원지대에

도착한 후부터는 데리고 온 썰매개 절반가량을 죽여 다른 썰매개들의 사료로 사용한 것으로 전해진다. 그 결과 아문센과 같이 남극원정에 오른 52마리의 썰매개 중에서 살아서 돌아온 썰매개는 11마리에 불과했다.

하지만 그가 선택한 방법은 너무나 잔인하였다. 지치거나 다친 썰매개는 죽여서 다른 썰매개의 사료로 던져주었고 그 개가 지치면 다시 죽여 또 다른 썰매개의 사료로 주었다. 아문센의 썰매개들은 조금이라도 지친 기색이 보이면 죽임을 당할 것을 알고 정말 죽을힘을 다해 뛰었을 것이다. 썰매개의 입장에서 보면 지옥과 같은 레이스 아닌가? 그리고 썰매개의 사료로 나오는 것은 조금 전까지 힘들게 같이 뛰었던 다른 동료들의 고기였다.

2011년 건국대 수의대 동아리 주최 애견한마당에 참가한 시베리안 허스키

썰매개의 사체를 다른 썰매개의 사료로 던져주는 사례는 아문센 남극원정대의 일원이었던 요한센의 일기장에 자세히 나온다. 요한센은 1911년 초반 아문센 남극원정에는 참가하였지만 나중에 의견 충돌로 최종 남극점 정복 원정대 5인에는 제외되는 수모를 겪는다.

1911년 3월 6일 요한센은 일기장에 썰매개들을 채찍으로 마구 때리면서 진군 속도를 올렸고, 썰매개 중 한 마리가 일어나지 못하자 1시간 정도 뒤에 사체를 토막 내어 다른 개의 먹잇감으로 던져주었다고 기록했다. 당시 원정대는 굶주린 개들에게 지치거나 죽은 동족의 사체를 먹여 공포심과 사기를 동시에 앙양시키는 전술을 사용한 것 같다.

아문센 남극점 원정대는 1911년 11월 21일 남극고지에서 27마리의 썰매개를 총으로 쏴서 죽인다. 대원들은 털가죽 옷을 만들기 위해 썰매개의 가죽을 벗겨냈고 고기는 다른 튼튼한 개들에게 주어졌다. 아문센은 극지 원정의 고질병인 비타민 부족으로 생기는 괴혈병을 예방하기 위해 동료 대원들에게도 바로 잡은 썰매개의 신선한 고기를 먹을 것을 권했다.

주인들의 저녁 메뉴로 전락한 썰매개들은 그날도 하루 종일 남극에서 17마일이나 달렸다고 한다. 아문센 원정대원들은 원정이 끝난 후 그날 저녁을 회상하면서 "착한 그린란드 개로 만든 저녁식사를 즐겼고 맛도 좋았다"라고도 했다.

여러 정황과 기록 등을 고려하면 아문센 원정대는 썰매개의 생명을 소중하게 생각하지는 않은 것 같다. 그들에게 썰매개는 단지 하나의 수단에 불과하였고 언제든지 방전되면 충전하지 않고 버리는 폐건전지나 다름없었다.

2. 아직도 계속되는 썰매개의 비극, 캐나다 썰매개 학살 사건

아직도 우리나라 국민들의 기억에는 2010년 2월 26일 밴쿠버 올림픽에서 김연아 선수의 감격스러운 피겨 스케이팅 금메달 소식이 생생하다. 당시 김연아 선수는 쇼트 프로그램에서 78.50점, 프리 스케이팅에서 150.06점 총계 228.56점을 획득하여 한국 선수로는 최초로 올림픽 피겨 스케이팅에서 금메달을 차지했다. 김연아 선수가 받은 점수는 부문별로 모두 세계 최고 기록이어서 그 의미가 더욱 가치 있었다.

이 외에도 모태범, 이승훈, 이상화 등 젊은 스케이터들은 세계를 정복하며 우리 국민들을 즐겁게 해주었다. 그게 우리가 아는 밴쿠버 올림픽의 아름다운 추억이다.

2010년 동계올림픽이 끝난 후 캐나다 일부 기업들은 동계올림픽 후광 효과를 노리고 동계 스포츠와 관련된 부분에 대한 투자를 확대하며 적극적인 영업활동에 나섰다. 하지만 그 결과는 그리 신통치 못했다.

2011년 2월 26일 AP통신에 의하면 브리티시컬럼비아의 한 회사는 동계올림픽 후 관광산업이 활성화되어 썰매개에 대한 수요가 많을 것으로 예상하여 야외투어 프로그램을 개발하고 썰매개를 구입하는 등 투자를 하였으나 그 기대가 실현되지 않자 운영비 부담을 줄이기 위해 썰매개 100마리 이상을 학살한 것으로 알려지고 있다.

지역동물보호단체 등에 의하면 이 회사는 썰매개 집단 학살을 위해 직원을 동원하였고 일부 개들은 짖지 못하도록 성대를 절단한 상태로 한꺼번에 매장하였다고 한다. 정말 생각만 해도 끔찍하기 짝이 없는 일이다.

썰매개로 사용되는 시베리안 허스키

    썰매개들은 알래스카, 시베리아, 그린란드 등 북극권 지역에 거주하는 인류를 위해 온몸을 희생하며 수천 년간 살아왔다. 이들은 북극권에서 집을 지키는 번견으로, 운송수단으로, 그리고 사냥개로 인류의 생존에는 없어서는 안 될 중요한 존재였다.

    또한 썰매개들은 알래스카에서 디프테리아 백신을 구하기 위해 수천 킬로미터를 쉬지 않고 달려서 수천 명의 목숨을 구하기도 했다.

    이뿐만이 아니다. 썰매개들은 북극과 남극 원정을 위해 많은 원정대와 함께 원정을 나섰다. 이들은 극지 원정대의 운송수단으로 원정에 나섰지만 상황이 여의치 않으면 곧바로 식량으로 사용되기도 했다. 그리고는 원정대의 옷과 신발로도 변신하였다.

    2011년 캐나다 썰매개 학살 사건을 보면서 인간들은 썰매개를 하찮은 돈벌이 수단으로만 생각하지만 썰매개들은 그런 것도 모르고 자신의 모든 것을 바치면서 무한하게 사람들을 일방적으로 사랑한 것이 아닌가 하는 쓸쓸한 생각을 하게 된다.

3. 1,400여 명의 목숨을 구한 위대한 썰매개, 시베리안 허스키 '발트'

　시베리안 허스키는 북부 몽골족인 축치족(Chukchi)이 기르던 개로 추위에 강하고 뒷다리 근육이 강하여 썰매견으로 이상적 체형을 갖추고 있다. 그런데 시베리안 허스키가 세계적 명성을 갖게 된 것은 정작 고향인 시베리아가 아닌 알래스카 지방에서 일어난 한 위대한 사건 때문이었다.

　1925년 1월 미국 알래스카 서북단 작은 마을 놈(Nome)에서는 디프테리아(diphtheria)가 갑자기 발병하였다. 디프테리아는 겨울철에 유행하는 급성전염병으로 발열, 인두통 등의 증세가 나타나는데 제대로 치료받지 못하면 발병 1~2주 내에 사망할 수 있는 무서운 질병이다. 디프테리아는 빠른 속도로 마을 전체에 퍼졌고, 환자들은 속출했다. '놈'은 이제 디프테리아 대유행을 눈앞에 두고 있었다.

만 2살이 된 시베리안 허스키 수컷 성견

당시 '놈' 마을 주민들의 유일한 희망은 1,850km 이상 떨어진 앵커리지 병원에 있는 백신이었다. 그런데 문제는 교통수단으로 연일 계속되는 강풍 등 악천후로 비행기는 이용이 불가능한 상황이었다. '놈' 주민 1,400여 명의 목숨은 그야말로 바람 앞의 등불 신세가 되었다.

바로 이때 등장한 것이 썰매견들이었다. 이 개들은 15명의 노련한 사냥꾼들과 함께 마을 주민들을 살리기 위해 그야말로 죽을힘을 다해 달리고 또 달렸다. 그리고 만 6일 만에 드디어 앵커리지에서 백신을 싣고 놈에 도착했다. 이 위대한 썰매개들의 죽음의 레이스 덕분에 놈 주민은 대재앙의 위기를 무사히 넘길 수 있었다.

이들이 내달린 1,850km는 서울-부산을 두 번 왕복한 거리로 부산-신의주를 왕복한 거리와 같다. 이 먼 거리를 썰매견의 발로만 단 6일 만에 주파한 것이다. 정말 엄청난 레이스가 아닐 수 없다. 영하 40도의 강추위에 온몸을 얼리는 북극의 강풍을 뚫고 하루에 300km를 주파한 것이다. 정말 놀라울 따름이다.

그런데 당시 이 썰매개를 이끈 선도견(point dog)이 바로 시베리안 허스키였다고 한다. 개 이름은 '발트'였는데 미국 사람들은 이 위대한 '발트'의 업적을 기리기 위해 뉴욕의 센트럴 파크에 동상까지 만들어 놓았다.

이후 위대한 썰매개들의 업적을 기리기 위해 1973년부터 이디타로드 개썰매 경주대회(Iditarod Trail Sled Dog)가 매년 같은 코스에서 열리고 있다. 이 대회는 썰매개를 하는 모든 사람들의 로망이라고 할 수 있는데, 1,940km나 되는 엄청난 길이의 코스 때문에 대회 종반에는 죽는 썰매개도 속출한다고 한다.

이디타로드는 이누이트 말로 "먼 길을 떠나다"라는 뜻이라고 하는데, 그야말로 이 대회는 정말 멀고도 먼 대회이다.

4. 견공(犬公)계의 박지성, 못하는 게 없는 멀티 플레이어 사모예드

사모예드는 북방 스피츠견의 대표적인 품종으로 아름다운 순백의 털로 많은 애호가들의 사랑을 받고 있다. 사모예드라는 이름은 이 개를 길렀던 사모예드족에서 나온 것으로 원래 고향은 서부 시베리아 오비강 인근 광활한 툰드라 지역으로 알려져 있다.

사모예드는 정말 다양한 기능을 소화할 수 있는 '멀티 플레이어'로 '견공(犬公)계의 박지성'이라고 할 수 있다. 2002년 한일 월드컵 당시 거스 히딩크 감독은 우리 선수들에게 어디에 배치해도 자기 역할을 충분히 소화할 수 있는 멀티 플레이어가 되어야 한다고 선수들에게 강조했다. 필자는 사모예드를 보면 정말 멀티 플레이어라는 생각이 많이 든다.

사모예드의 본연의 기능은 누가 뭐래도 썰매개다. 썰매개로서의 뛰어난 명성 때문에 노르웨이 극지 탐험가 난센(Fridtjof Nansen)과 함께 북극 원정에 참여했고, 영국의 탐험영웅 새클턴(Ernest Henry Shackleton)과도 극지 원정에 참여했다.

또한 사모예드는 사모예드족의 가장 큰 재산인 순록을 지키는 목양견 역할도 한다.

사모예드의 역할은 여기서 끝이 나지 않는다. 이들은 광활한 툰드라 지역에서 사슴 사냥개 역할도 곧잘 해낸다. 사모예

만 한 살이 된 사모예드 암컷. 아직 새끼를 가진 적이 없는 미출산견

드는 집에 귀가하면 늑대, 곰과 같은 맹수들의 침입을 알려주는 경비견 역할도 한다. 요즘 사모예드는 아름다운 외모와 순한 성품으로 전 세계인들의 사랑을 듬뿍 받는 애견 역할도 충실히 한다.

덤으로 이 개는 일본 스피츠를 만드는데도 큰 기여를 하였다. 이에 대한 자세한 얘기는 스피츠 편을 참조하시기 바란다.

과연 사모예드란 개는 못하는 것이 있을까? 뭐든 잘하는 그야말로 멀티 플레이어다.

::스핀오프: 동물이야기 〈2〉 잉어

떼로 흘레붙는 모습, 이 얼마 만이냐!

청계—중랑천 만나는 두물머리 '짝짓기 향연' … 서울 도심 생태축 복원 서둘러야

깜박 잠이 든 새벽, 다리 너머로 동이 튼다. 새벽공기가 차갑다. 안개 자욱한 중랑천의 침묵을 깬 것은 새들의 울음소리.

찌익~ 찌익~.

한 놈이 울음보를 터뜨리자 무리가 합창을 한다. 넓적부리 청둥오리 고방오리가 앞서거니 뒤서거니 아침을 연다.

청계천과 중랑천이 접하는 두물머리. 이곳의 물이 3,279m를 달리면 한강과 만난다. 물길 곳곳엔 모래톱이 터를 잡았다. 백주(白洲)는 새들의 안식처다. 3,279m의 물길은 서울의 첫 철새보호구역. 흰뺨검둥오리 넓적부리 쇠오리 백할미새가 혹한을 피해 북쪽에서 날아왔다.

갈매기 한 마리가 물속으로 대가리를 처박는다. 고방오리가 녀석

의 먹이에 욕심을 내보지만 적수가 되지 못했다.

철새가 날아온 지난 겨울, 내가 사는 동네의 천변풍경(川邊風景)은 고즈넉하면서도 분주했다. 나는 그 길을 자전거로 저어갔다.

풀, 나무가 제가끔 눈을 틔운 봄의 천변은 한 폭의 파스텔화다. 겨우내 움츠린 자연의 식솔이 한껏 기지개를 켠다. 명지바람은 신록을 간질이면서 물길 위를 가른다.

늦은 봄, 물길 아래 주인은 잉어목 잉엇과의 잉어다. '선물치' '명짜'라고도 불리는 녀석들의 본래 이름은 이어(鯉魚). 노란빛을 띤 갈색으로 배는 은백색이다. 주둥이 옆엔 수염 두 쌍이 돋아 있다

조선시대 그림에서 솟아오르는 잉어는 입신과 출세를 나타냈다. 지금 중랑천에선 녀석들이 파닥거리면서 물 위로 솟아오르는 걸 볼 수 있다.

청계천 통수 뒤 잉어 따라 새들도 귀환

잉어가 떼로 얕은 여울에 몰려든다. 볼거리다. 자전거를 타고 천변에 놀러 온 아이들이 물에 들어가 녀석들을 손으로 잡아올리곤 세상을 얻은 듯 웃는다. 지금 두물머리는 물 반 잉어 반이다. 가보시라!

잉어 암컷은 5~6월에 알을 낳는다. 그래서 요즘 '러브'가 한창이다. 녀석들은 근사한 짝의 난자(알), 정자를 얻으려고 떼로 몸싸움도 벌인다. 녀석들의 난자 정자는 몸 밖에서 조우하는데, 암컷이 알무더기를 내놓자마자 수컷이 정자로 적신다.

오래된 내 기억 속 중랑천은 역겨운 곳이었다. 서울 회기동에 살던 나는 이따금 이문동에 놀러가 '다방구'라는 놀이를 했는데, 그때 중랑천 물빛은 짙은 검은색이었으며 냄새는 속이 뒤집힐 만큼 고약했다. 1980년대 말까지도 생활하수에 분뇨가 뒤섞인 중랑천 똥물은 코의 모낭벽을 후벼팠다. 그런데 1990년대 중반 하수종말처리장이 세워지면서 물고기가 하나 둘씩 거슬러 올라왔고, 2000년을 넘어서면서부터 철새떼가 몰려들었다. 잉어가 떼로 흘레붙는 장관을 보게 된 건 청계천이 통수(通水)된 뒤의 일. 한강-서울숲-응봉산-중랑천-청계천을 잇는 생태축이 어설프게나마 자리 잡은 셈이다.

잉어는 더러운 물(3급수)에서도 아가미를 빠끔거리는 물고기다. 4급수는 어류가 살지 못하는 죽은 물. 따라서 잉어의 중랑천 귀환은 서울의 생태계가 첫걸음을 겨우 뗐다는 뜻이다.

중랑천 여울에 낚싯대를 드리운 어떤 강태공이 묵직한 놈을 물으로 떠 올린 그의 표정이 씩씩하다. 서울의 잉어는 마음껏 잡아도 된다(중금속을 머금고 있으니 잡숫지는 마시라). 강바닥을 헤집고 다니는 통에 녀석들이 많아지면 물이 오염되기 때문이다.

잉어가 물살을 거스르며 청계천을 오른다. 잉어를 따라 왜가리 쇠백로도 청계천 중류의 황학교까지 날아간다. 이곳에서도 비상하는 갈매기를 볼 수 있다. 먹이를 따라 서해안→한강→중랑천→청계천으로 건너온 녀석들이다.

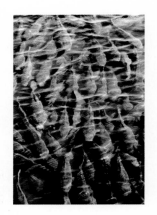

풀, 나무가 씨를 퍼뜨리듯 자연이 돌아오는 건 순식간이다. 청계천이 통수된 뒤 두물머리에서 일어난 변화가 그렇다. 도심 생태축 복원을 더욱 서두를 일이다.

고사(故事)에는 겨울날 얼음낚시로 잡은 잉어를 회 떠 부모님에게 올린 효자가 가끔 등장한다. 중랑천에서 잡은 잉어로 회, 포를 뜨고 싶다. 광화문 네거리를 높이 나는 갈매기가 보고 싶다.

::잉어
- 학명: Cyprinus carpio
- 분류: 잉어목 잉엇과
- 크기 보통 50cm이고, 최대 120cm
- 색: 몸통은 노란빛을 띤 갈색, 배는 은백색
- 생식: 5~6월
- 서식처: 큰 강의 중·하류나 호수, 댐, 늪, 저수지 등 물이 많은 곳
- 분포 지역: 전 세계 거의 모든 지역

제3장

수렵견・조렵견 그룹

1. 핫도그? 그 이름의 기원은 바로 닥스훈트

시각형 하운드와 후각형 하운드

사냥개를 뜻하는 하운드(hound)는 크게 빠른 발과 좋은 시각을 이용하여 사냥감을 잡는 시각형 하운드(sight hound)와 후각을 이용하여 사냥감을 추적하는 후각형 하운드(scent hound)로 나눌 수 있다.

시각형 하운드에는 고속버스 이름으로도 유명하고 경견으로 사용되는 그레이 하운드가 대표적이며 아프간 하운드, 살루키, 보르조이 등도 있다. 이들은 빠른 발로 사슴, 가젤 등을 쓰러뜨리기도 한다. 이런 시각형 하운드들은 공통적으로 긴 다리와 늘씬한 몸매를 자랑한다.

후각형 하운드는 시각형 하운드만큼 빠른 발은 없지만 토끼, 여우, 오소리 등 작은 동물들이 남겨 놓은 냄새들을 끈질기게 쫓아가서 굴 같은 은신처까지 찾아낸다. 후각형 하운드로는 비글, 닥스훈트, 바세트 하운드, 폭스 하운드 등이 있다.

후각형 하운드들은 시각형에 비해 공통적으로 다리가 매우 짧고 허리가 상당히 긴 특징을 지니고 있는데, 이들은 시각형 하운드들에 비해 소형이고 얼굴도 귀여워서 가정견으로 적합하다는 평가를 받고 있다.

　그 결과 최근 닥스훈트는 오소리, 토끼 사냥 대신 시추, 페키니즈와 같은 애완견의 역할에 충실하고 있다.

2011년, 건국대 수의대 애견한마당 축제에 출전한 닥스훈트 장모종.

귀여운 외모의 닥스훈트는 오소리, 여우 사냥개

닥스훈트라는 이름을 보듯이 이 개의 원산지는 독일이다. 닥스(Dachs)는 독일어로 오소리를 뜻하고 훈트(Hund)는 하운드와 같은 뜻으로 닥스훈트는 오소리 사냥을 위해 태어난 개다.

닥스훈트는 가늘고 긴 몸을 이용해 오소리, 토끼, 여우 등이 파놓은 좁은 굴에 들어가서 굴속에 숨어있는 사냥감을 물고 나오거나 사냥감을 놀라게 하여 굴 밖으로 나오게 하는 역할을 했다. 사냥감이 일단 굴 밖으로 나오면 닥스훈트보다는 몸이 좀 더 크고 빠른 다른 사냥개들이 덮쳤다.

닥스훈트는 소시지 도그? 핫도그?

닥스훈트는 독일과 미국에서 음식의 이름에 사용되기도 했다. 19세기 중엽 독일 프랑크푸르트(Frankfrut)에서는 돼지고기와 쇠고기를 혼합해 만든 소시지를 기다란 빵에 넣어 먹는 매우 간단한 요리가 성행했다.

물론 주머니 사정이 뻔하고 빨리 식사해야 하는 서민을 위한 음식이었는데 이때 빵에 넣어 먹는 긴 소시지를 지역의 명칭을 따서 '프랑크 소시지'라고 불렀고 일명 '닥스훈트 소시지'라고도 했다. 독일인들이 '프랑크 소시지'를 '닥스훈트 소시지'라고도 부른 것은 허리가 긴 닥스훈트의 특이한 생김새가 이 소시지와 비슷했기 때문이다.

그런데 이 '닥스훈트 소시지' 요리가 대서양을 건너 신세계인 미국으로 가서 '핫도그(hot dog)'라는 다소 생뚱맞은 이름으로 변한다. 미국 상인들이 닥스훈트라는 독일어가 발음하기도 어렵고 간판이나 메뉴판에 쓰기도 불편해서 간단히 그냥 '도그(dog)'로 바꾸었고 소시지

를 불에 구우면 뜨거우니 핫(hot)이라는 접두어가 붙어서 이름이 핫
도그로 둔갑되었다.

2. 악마견의 대명사 비글을 위한 변명

세상에 악마견은 없다

몇 년 전부터 블로그나 카페 등 인터넷 공간에서 '3대 천사견', '3
대 악마견'에 관한 글들이 유포되고 있다. 일부 누리꾼들은 3대 악마
견으로 비글, 아메리카 코커 스파니엘, 미니어처 슈나우저를, 3대 천
사견으로는 골든 리트리버, 푸들, 진돗개 백구라고 규정짓고 있다.

필자가 천사견, 악마견에 대한 자세한 설명에 앞서 결론부터 먼저
내리면 "세상에는 악마로 태어난 개도, 천사로 태어난 개도 없다"는
것이다. 거의 대부분의 개들은 주인이 어떻게 기르느냐에 따라 천사
도 될 수 있고, 악마도 될 수 있다.

즉, 자기가 키우는 개를 악마로 만드는 것도 주인이고, 천사로 만
드는 것도 개 주인이다. 필자는 소위 말하는 악마견과 천사견을 모두
키워 본 사람이다. 가치중립적으로 말하면 그들은 결코 천사도 아니
었고, 악마도 아니었음을 밝혀둔다. 그들은 모두 주인에게 순종하고
복종하는 전형적인 개일 따름이었다.

천사견 3인방은 과연 천사인가?

먼저 골든 리트리버부터 살펴보면, 이 개는 래브라도 리트리버(Labrador
Retriever)와 함께 맹도견(盲導犬), 마약탐지견, 동물매개 치료견 등 공
익을 위해 활용되는 대표적인 순둥이 품종이다.

골든 리트리버는 원래 조렵견으로 사냥꾼이 물새류를 총을 쏘아 떨어뜨리면 물가로 뛰어들어 이를 회수하는 역할(Retriever)을 하는 개였다. 따라서 이 품종은 시각형 하운드나 후각형 하운드 같이 직접 먹이감을 공격하여 물고 뜯는 개들보다는 천성적으로 순할 수밖에 없다.

다만 골든 리트리버의 단점이라면 지나치게 온순하고 사람을 좋아하여 가정에서 집을 지키는 용도로 키우기에는 다소 부적합하다.

푸들에 대한 얘기는 푸들 편에서 많이 했으니 여기서는 생략하겠다. 다만 필자가 키워 본 많은 요크셔 테리어, 슈나우저, 포메라니안, 시추 등 토이 사이즈 애견 중 사람을 가장 잘 따르고 애교가 많은 개는 푸들임에 틀림없는 것 같다. 필자가 학창시절 푸들 암컷 한 녀석은 하루 종일 딴 짓은 하나도 안 하고 오직 필자만 쫓아다녔다. 하루 종일 안겨있거나 무릎 위에 올라가서 자거나 가만히 있었다. 그래서 그 녀석의 이름은 '개로 태어난 딸'이라는 뜻의 '개딸'이 되고 말았다.

우리나라의 대표적인 토종개인 진돗개는 주인에 대한 충성심이 유별난 것으로 소문이 나있다. 진돗개는 강아지 때 남의 집에서 분양을 받아온 개와 주인집에서 태어난 개의 충성심에서도 차이가 있다. 생후 두 달 남짓 되는 그 짧은 기간의 기억도 진돗개는 놓치지 않는 것 같다. 하여튼 진돗개의 주인사랑은 알아줘야 할 것이다.

필자의 생각으로 진돗개 백구가 3대 천사견으로 거론되는 것은 1993년 실제 있었던 '돌아온 백구' 이야기 때문인 것 같다. 1993년 3월 진도 박 모 할머니는 대전의 한 애견가에게 백구 한 마리를 팔았지만 그 개가 7개월이 지난 10월 중순 300Km가 넘는 길을 걸어서 피골이 상접한 상태로 할머니를 다시 찾아왔다. 이후 백구는 할머니와 그 가족들과 함께 행복하게 살다가 14살의 나이인 2000년 숨졌다. 지금도 진도 돈지마을에 가면 백구의 숭고한 충성심을 기리는 시비(詩碑)가 있다. 정말 전설 같은 일인데, 주인에 대한 끝없는 충성심이 진돗개의 가치를 높여주는 것 같다.

악마견의 대명사 비글을 위한 변명, "나도 천사견이다"

이렇게 천사견에 대한 설명을 읽다보면 왜 비글 같은 특정 품종에게만 악마견이라는 달갑지 않은 수식어가 붙는지 의아해 할 수 있다. 이런 비극은 해당 품종에 대한 깊은 이해 없이 주인이 개를 고르고 키웠기 때문이다. 개를 키우기 전에는 반드시 이 품종이 어떤 목적으로 만들어졌고 개량되었는지를 자세히 알아보고 나서 키우면 성격이 좋고 주인과 궁합이 잘 맞는 개로 키울 수 있다.

3대 악마견 중 가장 악명이 높은 품종은 단연 비글이다. 하지만 비글의 경우, 우리가 악마견으로 따갑게 매도해서는 절대 안 되는 품종이다. 비글은 원래 토끼, 여우같은 동물들을 사냥하기 위해 만든 후각형 하운드의 일종으로 늘 활발하고 기운이 넘치는 개다. 생각해보라. 토끼나 여우를 잡을 원기 왕성한 사냥개가 날래고 힘이 넘치지 않으면 어떻게 되겠는가? 따라서 비글을 키우시는 분들은 귀찮더라도 정기적으로 운동을 시켜줘서 이 넘치는 에너지를 풀어줘야 한다.

비글에게 산책은 주인이 단순히 생각하는 운동이 아닌 정보 교류 장터이다. 비글의 입장에서는 외출은 거대한 사냥터에 정보를 입수하러 가는 것과 같다. 비글은 산책을 하면서 사냥감의 종류를 알아보고 위치를 추적한다. 그리고 그 예민한 코로 주변에 뿌려진 다른 개들의 배설물들을 통해 그들이 어떤 개들인지 추정해 보기도 한다.

비글은 이런 산책을 통해 그 어떤 행위보다도 많은 기쁨과 만족감을 느낀다. 만약 비글에게 선택권이 있어서 밥과 산책을 두고 선택하라고 하면 비글은 단연코 산책을 선택할 품종이다. 비글을 키우는 주인들은 이러한 비글의 특징을 잘 이해하고 충분한 외출을 시켜주는 것이 좋다. 그래야 사람도 비글도 모두 스트레스에서 풀려날 수 있다.

비글은 의약품 개발 등을 위한 동물실험에서 인간들의 건강을 위해 많이 사용되고 있다. 따라서 우리가 단순히 비글이란 개를 지나치게 활기차다는 이유 하나만으로 악마견이라고 매도하면 억울하게 죽어간 비글들의 원혼은 정말 서운하게 생각할 것이다. 우리가 사용하는 약품에는 수많은 비글들의 희생이 있음을 잊어서는 안 될 것이다.

인류를 위해 자기 한 몸을 희생하고 있는 비글을 이제는 악마견으로 매도하지 말고 사랑으로 보살펴 주는 것이 어떨까 하는 생각이 든다.

3. 타워팰리스 애견 소송은 바로 이 개 때문, 골든 리트리버

서커스개에서 조렵견, 맹도견까지 다양하게 활동하는 골든 리트리버

골든 리트리버(Golden Retriever)는 커다란 덩치에도 불구하고 우아하면서도 한 없이 착하게 생긴 외모 때문에 인기가 높은 품종이다. 미국에서는 래브라도 리트리버(Labrado Retriever), 푸들(Poodle)과 함께 애견가들로부터 오랜 기간 동안 한결 같은 사랑을 받는 인기 견종 3인방에 꼽히는 개이기도 하다.

원래 러시아에서 서커스 개로 활약하던 골든 리트리버는 19세기 중엽 영국에 처음 소개된다. 영국에 온 골든 리트리버는 사냥꾼이 총을 쏘아 물새를 떨어뜨리면 물에 첨벙 뛰어들어 그 물새를 입에 물고 회수하는 조렵견으로 개량된다. 골든 리트리버는 러시아에서 온 회수견이라는 뜻으로 한때 러시안 리트리버(Russian Retriever)라고 부르기도 했다.

골든 리트리버는 유순한 성격과 어렵고 힘든 훈련도 곧잘 해내는 끈기, 영리함 때문에 이후 조렵견보다는 맹인 인도견, 동물매개 치료견 등의 목적으로 더 많이 활용된다.

좋은 성격과 총명함 때문에 대형견이지만 소형 아파트나 작은 단독 주택

전북 정읍 한우농장에서 살고 있는 골든 리트리버 수컷 '먼지'

에서도 골든 리트리버를 키우는 사람들이 있다. 일부 네티즌들은 푸들, 진돗개 백구와 함께 골든 리트리버를 3대 천사견으로 선정할 정도로 이 개는 사람에게 순하고 친절하다.

물론 다른 개들에게도 덩치에 비해 친절한 편이다. 따라서 골든 리트리버는 대형견을 키울 공간만 충분하다면 이상적인 가정견이라고 할 수 있다.

하지만 골든 리트리버는 지나치게 온순하고 사람을 좋아하는 성격이어서 집을 지키는 경비견으로는 부적합하다는 의견이 많으므로, 이런 목적으로 개를 키우시려는 분들은 재검토를 하여야 할 것이다. 어떤 이들은 골든 리트리버는 도둑이 집을 넘어와도 같이 놀자고 장난을 걸 정도로 사람과의 놀이를 좋아한다고 평가하기도 한다.

골든 리트리버 사육을 놓고 벌어진 이웃 간의 공방

그런데 2011년 순한 골든 리트리버의 사육 문제를 놓고 법적인 공방이 진행되는 등 사회적 문제가 된 적이 있었다. 서울 강남구 타워팰리스의 한 주민은 이웃이 기르는 골든 리트리버가 자신을 위협하고 소음을 내는 등 인격권을 침해했다며 이 골든 리트리버를 사육하지 못하도록 소송을 제기했다. 하지만 같은 해 8월 3일 서울중앙지법은 이 소송을 기각한다.

필자가 사는 아파트에는 올드 잉글리시 시프 도그(Old English Sheepdog)이나 래브라도 리트리버, 골든 리트리버 같은 대형견들이 꽤 많이 있지만 아직까지 큰 문제가 발생한 적은 없었다. 물론 아파트 같은 공동주택에서 대형견을 키우는 분들은 가급적 순한 견종을 선택해야 할 것이며, 외출을 할 경우에는 반드시 목줄을 하여야 하고 배변 관리에도 각별한 신경을 써야 한다. 그것이 다른 사람에 대한 배려이며 대형견을 키우는 책임 있는 의식일 것이다.

개를 사랑하는 입장에서 보면 아무런 문제가 아닐 수도 있지만 개만 보면 기겁을 하는 사람들도 있는 만큼 서로의 입장을 이해하고 존중하며 슬기롭게 대화하는 자세가 필요하다.

맹도견(盲導犬)에 대한 사회적 인식 개선 필요

필자가 대중교통을 이용하다 보면 가끔 골든 리트리버, 래브라도 리트리버 같은 맹인 인도견과 같이 탑승하는 경우가 있다. 이 개들은 열 사람이 하는 선행보다 많은 선행을 하면서 살아가고 있다.

하지만 아직도 일부 몰지각한 사람들은 이들과의 동반 탑승을 불편해 하고 대놓고 싫은 내색을 하고 불편을 토해낸다. 이러한 행위는 그 맹도견은 물론 그 개의 안내를 받는 분들의 마음에도 큰 상처를 줄 수 있다.

우리 사회는 자기 혼자만 기분대로 사는 사회가 아닌 여러 사람이 더불어 같이 사는 사회이고 이들 맹도견들의 존재는 이 사회의 빛 그리고 소금과 같음을 잊지 말아야 할 것이다.

4. 세상에서 가장 아름다운 개, '사막의 왕자' 아프간 하운드

'사막의 왕자'로 추앙받는 아프간 하운드

아프가니스탄은 마케도니아의 알렉산더 대왕을 필두로 셀주크 투르크, 몽골제국, 티무르 등 한 시대를 풍미하였던 막강한 제국들의 말 발굽에 짓밟힌 가슴 아픈 역사를 가지고 있다. 아프가니스탄은 18세기에 어렵게 두라니 제국(Durrani Empire)이라는 통일 왕조를 세웠지만 19세기에 다시금 영국, 러시아 등 제국주의 열강들의 침략을 받았다.

20세기 후반 왕정이 무너지고 세워진 공화정도 1979년 소련군의 침공으로 무너지게 되고 이후 외세와의 혹독한 항쟁기에 접어든다. 이 과정에서 국토의 9할 이상을 차지한 회교 원리주의자 '탈레반'은 '알카에다'라는 테러조직을 지원하였다는 의혹을 받게 되고 2001년 미군 주도의 다국적군이 아프가니스탄에 들어오게 된다.

이렇게 간략히 아프가니스탄 역사를 살펴보아도 전쟁, 그리고 또 전쟁뿐인 것 같다. 그래서 사람들은 아프가니스탄 하면 열강들과의 오랜 전쟁으로 황폐화된 나라, 희망도 없고, 별다른 자랑거리도 없는 곳으로 인식할지도 모른다.

하지만 아프가니스탄에는 이곳을 고향으로 하는 전 세계적으로 폭넓은 사랑을 받고 있는 아름다운 사냥개가 있다. 바로 좋은 시력과 빠른 발을 이용하여 사냥감을 잡아내는 '시각형 하운드'의 대표 미견(美犬) 아프간 하운드(Afghan Hound)이다.

이 개는 전 세계 많은 마니아층으로부터 열렬한 사랑을 받는 품종이다. 아프간 하운드 애호가들은 이 개를 '사막의 왕자'라고 극찬하며 그 아름다움과 매력을 칭송한다.

세상에서 가장 아름다운 개, 아프간 하운드

필자가 개를 좋아하고 개를 공부하게 된 결정적인 계기는 누구보다도 개를 사랑하고 아끼셨던 부모님의 영향 때문이다. 부모님은 푸들, 요크셔 테리어, 시추, 미니어처 슈나우저 등 소형견들을 주로 키우셨다. 하지만 부친께서는 예쁘고 귀여운 소형견들보다는 덩치가 큰 대형견을 더 좋아하셨는데 "그래도 개 중에서는 아프간 하운드가 최고로 아름다운 개"라고 말씀하시곤 했다.

아프간 하운드를 처음 보는 사람들은 "정말 이것이 개가 맞느냐?"라고 묻는다. 개라고 생각하기에는 너무나 특이하게 생겼기 때문이다. 필자는 사람들이 그런 질문을 하면 "분명 개가 맞습니다." 그리고 "그것도 아주 매력적인 개지요"라고 덧붙여준다.

그레이 하운드, 살루키, 휘펫 등 시각형

2012년 4월 주말 인천 월미도 애견 카페에서 만난 아프간 하운드

하운드들은 보통 단모종이다. 그런데 이 아프간 하운드만은 황금색의 긴 털을 가지고 있다. 늘씬한 아프간 하운드가 긴 황금색 털을 휘날리며 빠른 속도로 뛰는 것을 보면 "정말 멋있다"라는 감탄밖에 나오지 않는다.

노아의 방주에도 아프간 하운드가 탔나?

아프간 하운드의 원래 고향은 북부 아프리카에 위치한 이집트라는 설과 중동 지방이라는 설이 있다. 그 시초가 어디인지 분명하지는 않지만 아프간 하운드의 조상은 아주 오래 전 산악지대인 아프가니스탄에 들어와 다른 지역으로 이동하지 않고 아프가니스탄에서 혈통이 고정되어 현재와 같은 품종이 되었다.

어떤 이들은 아프간 하운드의 역사가 무려 5,000년이 된다고 주장하기도 하는데, 그 정도로 아프간 하운드의 역사가 길다고 생각해도 무방하다. 이렇게 오래된 아프간 하운드의 역사 때문에 구약성서에 나오는 '노아의 방주'에 이 개가 승선했다는 전설도 있다. 하지만 '노아의 방주'까지 올라간다면 이 세상 그 누구도 실제 아프간 하운드가 그 배에 승선했는지를 알 수 없다. 그 전설의 진위 논란은 여기서 접어두고자 한다.

뛰어난 시력으로 가축을 보호하는 유목민의 친구, 아프간 하운드

좋은 시력, 빠른 발, 뛰어난 방향 전환 능력을 가진 아프간 하운드는 오랜 기간 동안 아프간 유목민들과 함께 늑대, 표범과 같이 가축에게 해를 끼치는 동물들을 사냥해왔다.

또한 아프간 하운드는 가젤(gazelle), 사슴 등 유목민들이 식량으로 사용 가능한 초식동물 사냥에도 사용되기도 했다. 아프리카 초원에서 가젤 종류는 오직 고양이과 동물인 치타만 사냥 가능한데, 가젤 전문 사냥개라는 사실은 아프간 하운드가 얼마나 빨리 달릴 수 있는지 증명하고도 남는다.

기다란 다리에 황금색 털을 휘날리면서 사냥감을 향해 늘씬한 개가 뛰어간다고 상상만 해보아도 이 얼마나 멋지고 화려한 장면인가! 필자 부친의 말씀대로 아프간 하운드는 이 세상에서 가장 아름다운 개임에 틀림없는 것 같다.

5. 왈왈이와 물치기의 멧돼지 사냥 이야기

멧돼지는 노루, 고라니와는 달리 힘세고 잡기 어려운 동물이다. 호랑이, 표범, 늑대가 멸종한 우리나라 자연 생태계에서 사람을 제외하고 멧돼지를 위협할 만한 동물은 그 어떤 존재도 없다. 그 결과 국내 산야에서는 멧돼지의 과다 번식으로 멧돼지 한 마리당 생활영역이 좁아져 힘이 약해 경쟁에서 밀린 녀석들이 산림지역이 아닌 민가를 침입하고 농작물을 파괴하는 등 많은 문제를 일으키게 되었다.

최근 국내 엽사들은 멧돼지 사냥을 위해 왈왈이와 물치기라는 사냥개를 이용한다고 한다. 이름도 생소한 왈왈이와 물치기는 무엇을 하는 사냥개들인가?

왈왈이는 이름 그대로 왈왈 짖으면서 멧돼지를 몰아가는 몰이꾼이다. 왈왈이들은 멧돼지들을 몰아가서 포위하고 멧돼지가 도망가지 못하도록 하는 것이 그 임무이다. 이 개들은 멧돼지를 직접 공격하지 않는다. 앞서 말한 닥스훈트와 비슷한 개들이다. 왈왈이는 계속 짖어서 물치기나 엽사가 와서 멧돼지를 처리하게 하는 임무를 갖고 있다. 한편 물치기는 왈왈이가 몰아온 사냥감을 덮쳐 공격하는 역할을 하는 개다.

왈왈이와 물치기를 이용한 사냥법은 마치 아프리카 사자 무리가 얼룩말, 누 같은 대형 초식동물들을 사냥할 때 젊은 암컷들이 사냥감을 몰고 경험 많은 암컷들이 수풀에 매복하고 있다가 급습하는 '몰이, 매복, 습격'의 3단계 전술과도 비슷하다.

왈왈이로 사용되는 사냥개는 후각과 스피드가 뛰어나야 하고, 잘 짖고, 지치지 않는 강한 체력을 보유해야 한다. 반면 물치기는 멧돼지와 일 대 일 또는 이 대 일 정도로 싸워야 하므로 힘과 용맹스러움이 있는 비교적 덩치가 큰 개여야 한다.

왈왈이는 러시아산 라이카(Laika), 진돗개 같은 개들을 주로 사용하고 물치기는 덩치가 좀 더 큰 믹스견을 주로 사용한다. 라이카는 러시아에서 곰이나 호랑이 같은 맹수를 사냥할 때에도 사용되는 전문 사냥개이다. 한편 개 품종 이름과 같은 '라이카'라는 개는 1957년 구소련의 우주선인 스푸트니크 2호에 실려 최초로 우주에 간 생물체이기도 하다. 물론 살아서 귀환하지는 못했다.

십여 년 전 필자가 지인에게 들은 얘기로는 이상적인 물치기를 만들기 위해 진돗개와 핏불 테리어(Pitbull Terrier)를 교배시킨다고 한다. 그러면 진돗개의 용맹함, 영민함, 끈질김, 충성심과 핏불의 파워를 겸비한 개가 나오는데 그 녀석이 최강의 멧돼지 사냥개가 된다는 것이 지인의 주장이었다. 실제 물치기로는 핏불 테리어가 많이 사용된다고 한다.

::스핀오프: 동물이야기 〈3〉 직박구리

서울 텃새 모르는 당신! 게으르거나 메말랐거나
참새만큼 많은 조류 … 도심에서 쉽게 볼 수 있어

창덕궁의 금원(禁苑)은 후원(後苑)・북원(北苑)이라고도 불린다. 동산과 숲을 조경으로 삼으면서 정자와 집칸을 배치한 원림(園林)의 풍취는 인공의 정원과는 격이 다르다.

금원의 숲은 도심의 숨통이다. 휴식처다. 지금 금원은 짙은 녹색의 향연으로 눈부시다(서울대병원 본관에서 내려다보면 아찔할 만큼 푸르다). 비 온 날 금원을 맨발로 걸었다.

여름 숲은 맨발로 걸어야 참맛을 느낄 수 있다. 비가 오면 금상첨화. 질퍽거리는 바짓가랑이는 성가시고 발부리부터 올라오는 촉감은 짜릿하다. 걸어보시라! 대지의 감촉이 파닥거리는 갈치를 잡은 손 느낌처럼 발샅을 타고 오른다. 비릿한 숲 향기는 숲이 깊어질수록 흙냄새를 만나 가라앉는다.

숲 비린내를 따라 오르면 금원의 으뜸 비경이라는 옥류천을 만난다. 새 울음소리, 바람과 나무가 만든 숲 소리가 어우러져 상쾌하다.

여름, 금원은 새들의 낙원이다. 가보시라! 딱따구리가 나무를 쪼는 소리가 경쾌하다. 직박구리(참새목 직박구릿과) 암수는 솔잎 냄새를 맡으면서 날개를 파닥거린다.

직박구리는 서울의 텃새다. 새가 울음소리로 새벽잠을 흔들어 깨웠다면 열의 예닐곱은 직박구리다. 녀석들은 참새 까치에 버금가게 많은 조류다. 녀석들을 본 적이 있다면 부지런하거나 자연에 관심이 많은 사람이다. 그렇지 않다면 게으르거나 자연을 모르고 살아가는 사람이다.

잿빛 띤 어두운 갈색 … 부부끼리 화음 맞춰 '마주 울기'
직박구리는 잿빛을 띤 어두운 갈색이다. 대가리는 파란빛이 도는 회색, 귀 근처엔 얼룩무늬가 있다. 한 배에 네댓 개의 알을 낳는데, 요즘(7월)엔 짝짓기를 끝내고 아이들 기르느라 여념이 없다.

부부의 연을 맺은 직박구리 암수는 '마주 운다'. 부부가 함께 울어 마치 한 마리가 우는 것처럼 들린다. 이 소리는 청아하면서도 포근한데, 오랫동안 해로한 부부일수록 화음이 더 아름답다.

직박구리의 사랑은 애틋하다. 얼마 전 녀석들의 사랑을 찍은 사진 한 컷이 웹 검색어 순위에서 수위를 다퉜다. 교통사고(야생동물이 차에 치여 죽는 것을 로드킬이라고 부른다)로 배우자를 잃은 직박구리가 차량을 향해 싸늘한 눈초리를 보내는 모습이었는데, 짝을 잃은 녀석의 표정이 안쓰럽다. 게시판엔 그네들처럼 서로 사랑하면서 살자는 댓글이 줄을 이었다.

그렇다고 녀석들이 모노가미(monogamy, 일부일처제) 신봉자는 아니다. 짝짓기할 때만 '찐하게' 사귀는데, 그때도 틈나는 대로 바람피우는 녀석이 많다. 흘레붙을 때는 모노가미로 보이지만 실제는 폴리아모리(polyamory, 비독점적 다자연애)다. 암수의 사랑이 지극하다는 원앙도 실제로는 바람둥이. 금실을 뽐내면서 평생 짝을 지어 다니는 닭살 부부로는 학(두루미)이 있다. 녀석들은 한 번 부부의 연을 맺으면 배우자가 숨을 거둘 때까지 짝을 바꾸지 않는다. 사람은 어떤가.

올 여름, 금원을 찾아 재잘거리는 새 중 직박구리를 찾아보시라! 도로를 가득 메운 차량과 회색 콘크리트에 지친 몸이 즐겁다고 환호작약할 것이다. 서울 도심의 세운상가를 헐고 그 터에 13만 평의 공원을 꾸민다고 한다. 금원-종묘-세운상가-퇴계로-남산의 녹지축이 어설프게나마 연결되는 셈이다. 직박구리가 새 공원을 무척 좋아할 것 같다.

::직박구리

- 학명: Hypsipetes amaurotis
- 분류: 참새목 직박구릿과
- 생활방식: 암수 함께 생활(여름철), 무리 생활(이동할 때)
- 크기: 약 27.5cm
- 색: 잿빛을 띤 어두운 갈색
- 생식: 1회에 4~5개의 알을 낳음
- 서식처: 잡목림, 낙엽활엽수림, 관목림
- 분포 지역: 한국, 일본, 타이완, 루손 섬

제4장

외모도 아름다운
영국의 양치기개들

1. 살아있는 인형, 펨브로크 웰시코기는 양치기개

영국 왕실의 사랑을 독차지 하고 있는 고귀한 개, 펨브로크 웰시코기

몇 년 전 **KBS 2TV** 인기 프로그램인 개그 콘서트 봉숭아학당에는 영국의 권위 있는 귀족의 혈통을 이어받았다고 자처하는 세바스찬이라는 개그맨이 등장하여 자신의 혈통이 얼마나 고매한지를 자랑하고 으스대며 국민들의 인기를 한 몸에 받은 적이 있었다.

그런데 애견계에서도 영국 왕실의 사랑을 오랜 기간 독점하며 지금도 엘리자베스 여왕의 총애를 받는 그야말로 고귀한 혈통의 개가 있다. 이 개는 웨일즈의 아름다운 해변가 펨브로크셔(Pembroke shire)가 고향인 펨브로크 웰시코기(Pembroke Welshcorgi)이다.

펨브로크 웰시코기(이하 펨브로크)라는 제법 긴 이름은 펨브로크가 원산지인 작은 웨일즈 개라는 뜻이다. 여왕은 지금도 나들이를 할 때 곧잘 이 녀석들을 데리고 다닌다고 한다. 외신을 보면 이 녀석들이 종종 여왕과 함께 등장한다.

원래 웰시코기는 카디건(Cardigan)과 펨브로크 두 종류가 있는데 우리나라를 포함한 대부분의 국가에서 펨브로크가 좀 더 인기 있고 잘 알려진 품종이다. 필자가 보기에는 펨브로크의 외모가 카디건보다 더 뛰어난 것이 그 이유인 것 같다. 외모로 차별하면 안 되는 것이 인간 세상이지만 애견계에서 특출한 외모는 상당한 경쟁력이 아닐 수 없다.

펨브로크 강아지들은 그야말로 '살아있는 인형'이다. 귀엽고 예쁜 눈망울, 아장아장 걷는 걸음걸이를 보면 아무리 개를 싫어해도 그 강아지를 키워보고 싶은 욕구가 생기게 마련이다.

하지만 펨브로크는 털갈이가 심한 품종으로 이중 코트 형태의 털을 갖고 있다. 따라서 아파트 같이 환기가 제한적인 실내 공간에서 키우기에 적합하지 않다고 할 수 있다. 따라서 가급적 마당이 있는 단독주택에서 키우는 것이 바람직한데, 부득이 실내에서 키울 경우에는 하루에 한두 번씩은 꼭 빗질을 해주는 것이 좋다. 필자가 2012년 3월 세종대 정문 앞에서 만난 한 사육가도 "털이 많이 빠진다"면서 펨브로크 관리의 어려움을 토로하였다.

애견에 대한 빗질은 이왕 빠질 털을 먼저 골라주는 기능도 있고 주인과 개의 교감대를 향상시켜주는 순기능도 있다. 개의 입장에서 보면 "주인이 정말 나를 사랑하는 구나" 하고 느낄 수 있다. 꼭 펨브로크가 아니더라도 개를 키우고 있다면 하루에 한 번 정도는 주인이 빗질을 시켜주는 것이 바람직하다. 빗질은 개가 주인에 대한 무한한 사랑과 신뢰를 가지도록 하는 좋은 수단이 될 것이다.

2012년 3월 세종대 정문 앞에서 만난 펨브로크 웰시코기

펨브로크는 양의 뒤꿈치를 무는 양치기개

펨브로크는 영국이 원산지인 양치기개(이하 목양견)다. 그러나 이 개는 콜리(Collie), 셰틀랜드 시프 도그(Shetland Sheepdog)과는 다르게 양몰이를 한다. 콜리 같은 일반적인 목양견들은 양 무리의 주위를 계속 뛰어다니면서 양들을 자신이 원하는 방향으로 몰아간다. 굉장히 체력소모가 많으며 빠른 속도를 필요로 하는 양치기 방법이다.

반면 펨브로크는 그런 방법 대신 무리를 이탈하려는 양들의 발뒤꿈치를 살살 물어가면서 무리를 앞으로 내몬다. 물론 다치도록 아프게 물지는 않는다. 하지만 겁이 많은 양들에게는 이 정도 위협이면 충분히 펨브로크의 말을 듣게 하는 동인이 된다. 한 술 더 떠 펨브로크는 간혹 자신의 통제를 벗어나려고 하거나 말을 듣지 않는 양들이 있으면 그들의 코를 물기도 한다. 약간 무섭기도 한 방법이지만 펨브로크라는 개는 귀여운 외모와는 달리 정말 강단이 있는 양몰이 개가 아닌가?

호주의 야생개인 딩고(Dingo)의 피가 들어간 오스트레일리안 캐틀 독(Australian cattle dog)의 경우에도 펨브로크 비슷하게 양과 소를 몰아간다. 오스트레일리안 케틀 독의 경우 자신의 말을 잘 안 듣는 소나 양이 있으면 과감하게 그들의 발뒤꿈치를 물어 자신이 원하는 방향으로 무리를 몰아간다. 이런 양몰이를 하는 목양견들을 힐러(heeler)라고 부른다.

펨브로크는 노르웨이 바이킹들이 데리고 온 개?

펨브로크의 기원에 대해서는 두 가지 설이 전해 내려오고 있다. 하나는 12세기경 플레미시(Flemish) 지방에서 영국 웨일즈로 이주한 직공들이 자신들의 고향에서 데려온 것이라는 설과 9~10세기 웨일즈를 침공한 노르웨이 바이킹들이 데려왔다는 설이 있는데 여러 정황상 후자 쪽이 더 설득력이 있는 것 같다.

8~10세기 영국과 아일랜드 지방은 덴마크, 노르웨이 등 북유럽 바이킹들의 노략질로 홍역을 치르고 있었다. 이 바이킹들은 일단 상륙하면 약탈과 방화, 살인 등은 일상생활이었다. 우리 역사책에 나오는 일본 해적의 노략질을 떠 올리면 쉽게 이해할 수 있을 것이다.

덴마크가 고향인 데인족들은 8~9세기 잉글랜드 본토를 대상으로 노략질을 일삼았고, 노르웨이 출신 바이킹들은 아일랜드, 웨일즈는 물론 셰틀랜드, 오크니 같은 스코틀랜드 부속 도서와 해안가에 출몰하여 노략질을 하였다.

한편 웨일즈 해변가에 상륙한 노르웨이 바이킹들은 그 땅에 스웨덴이 원산지인 발훈트(Swedish Vallhund)를 데리고 왔다고 한다. 후일 이 개가 카디건 웰시코기와 섞여 펨브로크 웰시코기가 되었다는 것이 '펨브로크 웰시코기 바이킹 전래설'의 주요 내용이다.

펨브로크같이 허리가 긴 개는 디스크를 조심해야

펨브로크나 닥스훈트 같은 허리가 긴 개들은 디스크의 일종인 추간판 헤르니아(Spinal disc herniation) 발병을 조심해야 한다. 이 병은 상당한 통증을 동반하는 질병으로 개의 걸음걸이에 악영향을 주고, 심한 경우 마비까지 오는 무서운 질병이다. 이 병을 예방하기 위해서는 적절한 운동과 절식이 반드시 필요하다. 무절제한 식사와 운동부족은 사람에게도 질병을 발생시키지만 펨브로크 같은 개들에게는 더욱 치명적이다.

허리 질병이 나왔으니 한마디 더하면 비록 허리가 긴 품종이 아니더라도 개에게 사람처럼 일어나는 자세를 요구하는 것은 개의 건강에 좋지 않다. 개는 원래 네 발로 걷는 동물이라 뒷다리로 몸의 전체 체중을 지지하기 어렵고, 허리에도 적지 않은 악영향을 줄 수 있다. 사랑스런 개가 재주 많다고 칭찬하며 직립보행을 시키다가는 사랑하는 애견이 허리통증으로 고생할 수 있으니 주의하기 바란다.

2. 노르웨이 바이킹들에게는 너무 우아한 셰틀랜드 시프 도그

필자와 셰틀랜드 시프 도그의 인연

필자가 셰틀랜드 시프 도그(이하 셀티)에 대해 제대로 알게 된 계기는 삼청동 단골 음식점 까로맘에서 키우는 '까꿍'과 '로시' 때문이었다. 필자는 이 두 마리의 셀티를 통해 셀티가 어떤 개이고 얼마나 매력이 있는지를 잘 알게 되었다. 잘 모르던 품종에 대해 이해를 할 수 있도록 도와준 '까꿍'과 '로시' 그리고 두 녀석의 주인님에게 감사할 따름이다.

이 두 녀석을 처음 보았을 때 "정말 아름답다, 정말 우아하다"라는 감탄사밖에 나오지 않았지만 며칠 후 다시 보았을 때는 "활기가 넘친다"는 것을 느꼈고, 이후 자주 보다 보니까 "지능이 굉장히 뛰어나서 사람들의 명령어 대부분을 이해하는 구나"라는 것을 알게 되었다. 그야말로 셀티는 볼 때마다 매력이 하나씩 하나씩 더 보이는 애견이었다.

필자 설명대로 이 개는 아름답고, 기품 있고, 영리하다. 다만 셀티는 목양견 특유의 '헛짖음'이 있다는 단점이 있지만 경계심 많은 경비견으로서는 적합한 덕목이기도 하다. 하기야 세상에 단점이 없는

삼청동 까로맘의 마스코트 까꿍(오른쪽)과 그녀의 남자 친구. 조만간 사랑의 결실이 맺어져 예쁜 강아지들이 많이 나왔으면 좋겠다. 까꿍은 세이블 칼라인데 비해 남자친구는 트라이 칼라다. 전 세계적으로 세이블이 다수이고 트라이 칼라는 희소하여, 까꿍의 주인은 까꿍이 가 남자 친구를 닮은 트라이 칼라 강아지를 낳아주길 희망하고 있다. 그 희망이 꼭 이뤄져 서 필자가 트라이 칼라 강아지들을 구경하는 날이 오길 바란다.

사람이 어디 있고, 단점이 없는 개가 어디 있겠는가? 이 정도는 양해 해 주는 것이 인간의 덕목 아닌가?

셰틀랜드 시프 도그은 바이킹의 개?

셰틀랜드 제도(Shetland Islands)는 2012년 들어 영국으로부터의 분리 독립 움직임이 더욱 강해지고 있는 스코틀랜드(Scotland) 본토에서 약 200여km 떨어진 북해의 차가운 바닷가에 위치한 100여 개의 작은 섬으로 이루어진 제도이다.

그런데 이 머나먼 셰틀랜드 제도까지 셸티의 조상들은 어떻게 유입되었을까? 그리고 또 어떤 방법을 통해 현재와 같은 아름다운 품종으로 개량되었을까? 그러나 이에 대한 정보는 문헌상의 자료 부족으로 정확한 상황을 알기 어렵다.

셰틀랜드 제도는 8세기 말부터 15세기까지 7백여 년 동안 노르웨이 바이킹들의 지배를 받았다. 그 결과 이 섬 주민의 상당수는 아직도 영국계 혈통이 아닌 노르웨이 혈통을 가지고 있는 것으로 알려지고 있다. 이러한 역사적인 배경을 고려하면 셸티들도 이들 노르웨이 바이킹들과 깊은 관계가 있을 것으로 추정된다.

셰틀랜드에서는 지금도 매년 1월 마지막 화요일에 주민 수천 명이 바이킹 복장을 하고 한 손에 횃불을 들고 배를 타는 '웁 헬리 아(Up Helly Aa)' 축제를 1박2일 동안 벌인다. 축제 이름을 봐도 한눈에 영국이 아닌 스칸디나비아의 느낌이 팍팍 드는 축제다. 주민들은 이 축제에서 노르웨이 바이킹들의 배에 불을 질러 오래 전에 전사한 바이킹들을 추모하며 기린다. 이런 광경은 북유럽의 오랜 전설을 기반으로 하는 '베오울프' 같은 영화에서도 곧잘 등장하는 장면이다.

웨일즈 지방에 침략한 바이킹들이 데려온 것으로 추정되는 펨브로크 웰시코기에 대한 설명(펨브로크 웰시코기 편 참조)에서도 이야기했듯이 9~10세기 영국 해안지역은 노르웨이, 덴마크 등 북유럽 바이킹들의 침입으로 민생이 도탄에 빠져있었다.

노르웨이 바이킹들은 북해를 거쳐 스코틀랜드 부속 도서 셰틀랜드, 오크니 제도를 정복하였고 스코틀랜드 해안가에서도 적지 않은 노략질을 하였다.

셰틀랜드 제도는 노르웨이 바이킹들의 전초기지 역할도 했다. 바이킹들은 남자뿐만 아니라 여자와 아이들도 배에 태우고 섬에 왔으며 영구 정착을 고려하여 그들이 키우던 가축까지 데리고 왔다. 그후 그 가축들은 셰틀랜드의 특수한 환경에 적응하면서 현지 토착종 그리고 영국에서 건너온 품종들과 혼혈이 되어 독특한 품종으로 거듭나게 된다.

작은 양치기개 셰틀랜드 시프 도그의 개량 과정

셰틀랜드 제도는 셀티라는 세계적 목양견의 고향이기도 하지만, 어린이 승마용으로 즐겨 사용되는 셰틀랜드 포니의 고향이기도 하다. 셰틀랜드 포니는 목초가 충분히 자라기 힘든 셰틀랜드 제도의 척박한 환경에 잘 적응하여 몸집이 소형화된 품종으로 한때 영국에서 탄광에서 석탄을 나르는데 사용되기도 했다.

우리나라 공원에서 어린이들을 태우는 작은 말의 상당수는 이 셰틀랜드 포니이다. 셰틀랜드 시프 도그도 척박한 셰틀랜드 제도의 풍토에 적응한 관계로 다른 양치기개들보다는 체구가 다소 작은 편에 속한다. 이는 사료의 원활한 공급이 쉽지 않았던 탓도 있을 것 같다.

한편 셀티 전문가들은 이 개가 처음 셰틀랜드 제도에 유입되어 왔을 때는 스피츠견 형태의 개였을 것이라고 추정한다. 이후 영국에서 셰틀랜드로 건너온 콜리 같은 목양견들의 영향으로 현재와 같은 외모를 갖추었을 것이라고 보고 있다. 이런 주장은 필자가 서두에 바이킹을 언급한 것도 맥락이 닿아있다. 노르웨이 바이킹들이 살던 북극권 스칸디나비아의 개들은 보통 주둥이 끝이 뾰족한 스피츠견 타입이다. 이들은 이동할 때는 썰매도 끌고 그러다가 사냥감이 보이면 즉

시 사냥개로도 변신하고 집에 오면 야생동물인 곰과 늑대 등으로부터 집도 지키는 다양한 역할을 했다.

바이킹들은 그들이 이동할 때 이런 충실한 개들을 데리고 다녔다고 한다. 이들이 정착한 셰틀랜드 제도에도 이런 개들이 유입된 것은 어떻게 보면 매우 당연하다고 할 수 있다. 이후 바이킹의 스피츠견들은 영국 본토에서 유입된 콜리 종류의 목양견들과 자연스럽게 교배가 되었을 것이다.

현재의 셰틀랜드 시프 도그의 체형과 외모가 완성된 것은 흔히 '콜리(Collie)'라고 부르는 또 다른 영국 목양견 '러프 콜리(Rough Collie)'의 영향이 상당히 있었던 것 같다. 러프 콜리는 '명견 래시'라는 동화와 영화를 통해 전 세계인들의 사랑을 받는 대형견이다.

애견 품종에 대한 설명서 '품종 역사(Breed History)'에는 20세기 초 제임스 로기(James Loggie)가 기존의 셀티에 체구가 작은 '러프 콜리' 혈통을 추가하여 현재와 같은 셀티의 전형을 확립하는데 기여했다고 한다. 아직도 논쟁의 여지는 있지만 미국애견협회(AKC)의 최초 셰틀랜드 시프 도그 챔피언의 모견도 '러프 콜리' 순종이라는 설이 있다. 확실한 증거가 없는 이러한 주장은 물론 '믿거나 말거나(Believe or not)' 수준에 불과하다.

까로맘의 마스코트 '로시'. 생후 1년 된 암컷

3. 아름다운 색의 향연, 셰틀랜드 시프 도그의 매력

2012년 5.5~6 서울 어린이대공원에서 열린 서울 도그 페스티벌의 주인공은 단연 셰틀랜드 시프 도그(이하 셸티)이었다. 셸티는 어질러티(Agility) 부분에서도 탁월한 기량과 출중한 외모로 관람객들의 인기를 독차지했다.

어질러티는 개와 핸들러(사람)가 한 팀이 되어 지정된 코스에 설치된 각종 장애물을 통과하여 누가 먼저 결승점에 도착하느냐를 정하는 게임이다. 어질러티는 원래 말을 이용한 마장마술 게임을 벤치마킹하여 만든 경기이다. 어질러티 경기를 할 때 핸들러는 개를 만져서는 안 되고 말이나 수신호로 개에게 명령을 내려야 한다.

필자는 애견 목적으로 키우는 셸티를 만나본 적은 있지만 어질러티 부분에서 좋은 기량을 과시하는 셸티들은 그날 처음 보았다. 셸티들은 그 행사에서 발군의 실력을 자랑한 토이 푸들을 제외하고는 타품종 개들에 비해 한 단계 높은 경기력을 선보였다.

이날 행사에서 다양한 색상의 셸티들을 볼 수 있었다. 보통 셸티는 세이블(Sable & White)이 많은데 이 날은 블루멀(Blue merle), 트라이칼라(Tri-colour) 등 다양한 셸티들이 참가하여 필자를 비롯한 관람객들의 눈을 즐겁게 해주었다.

세이블은 담비를, 멀은 직박구리 종류의 새를 뜻하는 것으로 그 동물들의 색깔과 셸티의 색상이 비슷해서 붙여진 이름이라 생각된다.

어질러티 경기장 전경

다양한 컬러의 셸티

셸티들은 선수 대기실에서 자기 순서를 기다리고 있었다. 필자는 이 컷을 찍으면서 약간의 긴장감까지 느꼈다. 권투 경기장에서 경기 시작을 기다리는 복서를 바라보는 코치의 마음이 이와 같을까?

필자는 경기 관람 후 단골 애견카페에 가서 커피 한 잔을 마셨다. 그때 따스한 봄볕에 늘어진 셸티들을 보고 과연 이 녀석들도 어질러 티를 할 수 있을지 궁금해졌다. 주인은 필자의 궁금증에 대해 "이 녀석은 어질러티 경기에서 챔피언을 차지한 적도 있어요"라며 자랑스러워했다.

선수 대기실의 셸티

까로맘의 셸티

::스핀오프: 동물이야기 〈4〉 참다랑어

욕지島 참치 양식장 아능교?"

한려수도 턱밑에 참다랑어 떼로 출현 … 200여 마리 가두리서 몸집 불리기 한창

"지난해 10월 양식에 나선 뒤로는 참치 맛을 한 번도 못 봤심더. 값 나가는 보물이다 보니 올라오는 대로 가두리로 몰아넣지예. 참치 활 어 맛요? 회로 먹는 게 최곤기라. 맛 좋지예. 참말로 답니더. 살살 녹 지예. 고구마, 감귤이 욕지도 특기(특산품)인데, 앞으론 참치도 특기

가 될 겁니더. 올겨울만 넘기면 성공입니더. 잘 키워야지예."

새벽 4시 30분. 어부가 잠을 깬다. 달빛은 깊고 바람은 맑다. 김복원(67) 씨에게 바다는 몸으로 문질러서 지켜낸 터전이다. 그가 6t짜리 배에 오른다. 엔진을 켠다. 군더더기 없는 그의 하루는 바다로 나가면서 시작된다. 30년 넘게 해온 바닷일은 검박했으나 비루하지 않았다. 그는 남해의 외딴섬 욕지도(경남 통영시)에서 나고 자랐다.

배 두 척이 욕지도의 적막을 가른다. 일출은 개벽처럼 찾아온다. 어선의 등불은 사위어들고 어부들의 몸은 분주하다. 9t짜리 어선에서 그물을 뜨던 이일기(53) 씨가 "욕지도는 경남에서 둘째가라면 서러운 어장 아잉교"라며 웃었다. 9t짜리 배엔 이 씨와 네 명의 어부, 6t짜리엔 김 씨와 중국인 한 명이 탔다. 이 중국인은 월급 100만 원을 받는다.

참다랑어가 올 여름 욕지도에 떼로 처음 몰려든 때는 7월 14일. 두 주 동안 어부들은 230마리가 넘는 참다랑어를 잡았다. 무게 1~3kg으로 날렵한 몸매를 뽐내는 녀석들은 가두리로 옮겨져 자란다. 인성수산 최찬섭(54) 소장은 "2001년부터 이따금 잡히던 참치가 올해엔 떼로 올라왔으예"라고 말했다. 그의 회사는 욕지도에서 가두리로 참다랑어를 키운다.

"하나, 둘, 셋. 으쌰!"

새벽 5시45분, 어부들이 그물을 끌어올린다. 구획이 나뉜 60m의 정치망을 앞에서부터 떠 물고기를 앞쪽으로 몬 뒤 그물을 당긴다. 그물 안엔 은빛 멸치떼가 끓듯이 우글거린다. 쪽지(뜰채)로 녀석들을 퍼나르는 이 씨의 팔뚝은 강건하다. 오늘 새벽엔 참다랑어가 잡히지 않았다. 참다랑어가 올라오면 뜰채로 건지지 않고 정치망과 연결한 가두리로 몰아넣어 키운다.

성격 급하고 품성 강퍅한 참치

참치로 불리는 참다랑어는 농어목 고등엇과의 물고기. 참다랑어
황다랑어는 주로 날것으로 먹고, 참치로 잘못 알려진 황새치는 대개
통조림으로 가공한다. "참치는 성격이 급하고 품성이 강퍅하다"고 어
부들은 말한다. 뜰채에 몸이 닿거나 배로 옮기면 미친 듯 날뛰다가
피를 토하곤 죽는다. 고등어회 갈치회를 큰 도시에서 접하기 어려운
까닭도 녀석들의 비슷한 성정 때문이다.

어부들이 참다랑어 먹으라고 삽으로 푼 멸치를 가두리로 던져 넣
었다. 녀석들이 수면으로 바싹 몰려와서 멸치를 낚아챈다. 물 위로 날
아오르는 녀석도 여럿이다. 녀석들의 등이 아침 햇살을 받아 푸르게
빛난다. 9t짜리와 6t짜리가 앞서거니 뒤서거니 덕동마을의 항구로 돌
아간다. 어부들이 흘리고 간 생선을 갈매기 50여 마리가 순식간에 먹
어치운다.

욕지도에서 잡는 참다랑어는 어리다. 남태평양의 참다랑어는 몸길
이가 최대 3m, 몸무게는 최대 560kg까지 자란다. 지난해 10월 그물에
걸린 13마리의 참다랑어는 3~5kg. 녀석들은 10개월 동안 가두리에서
새우 고등어 오징어를 먹으면서 컸다. 지금은 15~18kg이 나간다고 한
다. 두 번의 겨울을 더 넘겨 50~60kg으로 몸집을 불리면 마리당 200
만 원이 넘는다.

9t과 6t 배의 어부들에게 품삯을 주는 회사는 욕지도에서 참다랑어
양식을 실험한다. 참다랑어는 등 푸른 생선 중 가장 비싸다. 한국에서
활어로 참다랑어를 먹는 예는 거의 없다. 참다랑어를 가장 많이 먹는
나라는 일본(연간 100만t). 전 세계에서 잡은 참다랑어의 4분의 1을
일본이 소비한다. 한국은 일본 미국 다음으로 매년 25만~30만t의 참

다랑어를 먹는다.

"몸무게 100kg까지 키워봐야죠"

일본은 500 g 미만의 치어를 3~4년간 기른 뒤 출하하는 참다랑어 양식에 성공했다. 가두리에서 기른 참치는 현재 일본에서 kg당 5만 원 안팎에 거래된다. 호주 멕시코 스페인 포르투갈 크로아티아도 참다랑어를 양식한다. 한국에선 욕지도가 처음으로 참다랑어 양식에 나섰다. 한국국립수산과학원도 호주에서 양식 기술을 전수받기로 했다.

오후 1시, 여름나들이 온 행락객으로 분주한 덕동마을 항구에 어부들이 모인다. 스타일리시한 선글라스를 쓴 홍승표(40) 씨도 고향이 욕지도다. 20년 넘게 배를 탔다. 치어를 길러 밥을 벌다가 2001년부터 가두리에서 일한다. 고등어 전갱이를 주로 키우다 지난해 10월부터 참다랑어에게 밥을 준다. 몸무게 100kg까지 참다랑어를 키워 보이겠단다.

"지난해 겨울 수온이 9℃까지 내려갔을 때는 아찔했지예. 겨울철 바닷물이 차가우면 참치가 콱 죽어뿌지 않습니꺼."

지름 20m, 깊이 12m의 가두리는 욕지도에선 가깝지만 뭍을 기준으로 하면 망망대해에 떠 있다. 홍 씨를 태운 배는 지난해 잡은 참다랑어가 사는 가두리로 향했다. 살이 제법 오른 녀석들이 앞다퉈 오징어를 삼킨다. 13마리 가운데 2마리는 지난겨울 죽었다. 멋도 모르고 쪽지로 참치를 떴다가 그렇게 됐다. 녀석들의 강퍅한 성정 탓이다.

올해 잡은 참다랑어가 사는 가두리엔 새우를 밥으로 줬다. 새우를 골고루 나눠주는 홍 씨의 손놀림이 능란하다. 200마리 넘는 참다랑어가 먼저 먹으려고 서로 부딪치면서 파닥거렸다. 참다랑어는 어부들이

주는 먹이와 가두리에 함께 갇힌 작은 물고기를 먹고 산다. 어부들은 뜰채로 죽은 잡어를 떠낼 때마다 참다랑어에 닿지 않도록 조심한다.

"지난해 10월 양식에 나선 뒤로는 참치 맛을 한 번도 못 봤심더. 값나가는 보물이다 보니 올라오는 대로 가두리로 몰어넣지예. 참치 활어 맛요? 회로 먹는 게 최곤기라. 맛 좋지예. 참말로 답니더. 살살 녹지예. 고구마, 감귤이 욕지도 특기(특산품)인데, 앞으론 참치도 특기가 될 겁니더. 올겨울만 넘기면 성공아잉교. 잘 키워야지예."

욕지도에 감귤나무가 처음 들어온 때는 홍 씨가 태어난 1968년이다. 제주도에서 묘목을 들여와 키웠는데 소출은 시원찮았다. 날씨가 더 따뜻해진 1990년대부터 작황이 좋아졌다고 한다. 민박집을 운영하는 김정자(50) 씨는 "달콤한 욕지 감귤을 맛본 사람은 시큼한 제주 감귤을 못 먹는다"며 웃었다.

욕지도 감귤이 이름난 배경엔 지구온난화가 있다. 제주도 주변에서도 거의 잡히지 않던 참다랑어가 한려수도 턱밑까지 올라온 까닭도 수온이 예전보다 높아서다. 욕지도 어부들이 참다랑어를 가장 많이 잡은 7월 18일의 수온은 지난해보다 2℃ 높았다. 8월에 처음 올라오던 녀석들이 올해엔 7월에 나타났다.

바닷물 온도가 오르면서 한류성 어종(명태 대구 청어)은 감소하고 난류성 어종(참다랑어 전갱이 갈치 고등어 멸치)은 증가했다. 그리고 아열대성 어종이 나타났다. 동해의 명태는 씨가 말랐으며 서해에서도 조기와 꽃게 대신 오징어와 멸치가 더 많이 잡힌다. 제주도 특산물인 자리돔이 남해로 북상하는 등 남해는 따뜻해지고 있다. 아열대 바다에 주로 사는 흑새치 백미돔 돛새치 보라문어 제비활치도 올라온다. 남해로 참다랑어가 떼 지어 몰려온 것은 올해가 처음이다. 4월 전남

여수시 근해에서 3,000여 마리가 잡혔다. 5월 말엔 제주도 해역에서 대형 선망어선 한 척이 7,000여 마리를 잡는 대박을 터뜨렸다. 남해에서 몸길이 2m 넘는 대형 참다랑어가 그물에 걸린 일도 있다. 남해의 황금어장인 욕지도로 올라오는 참다랑어도 해마다 늘고 있다.

지난해보다 수온 2℃ 올라 7월에 출현

한국은 최근 100년 동안 평균기온이 1.5℃ 올랐다. 그 기간 세계 평균 기온은 0.74℃ 상승했다. 기온이 1℃ 올라갈 때마다 기후대는 200~250km 북상한다. 이런 추세대로라면 70~80년 뒤 '욕지도 감귤'이 '대전 감귤'로, '양구 사과'가 '함흥 사과'로 바뀔지도 모른다. 바닷물 온도 상승이 가져올 어종 변화도 가속화할 것이다. 욕지도의 참다랑어 양식장은 인류의 삶을 통째 바꿔놓으리라고 보이는 지구온난화라는 '불편한 진실'이 가져온 '꺼림칙한 선물'인 셈이다. 우주의 시간대로 보면 게 눈 감추듯 지구의 자원을 삼켜온 인류가 서로 약속한 대로 탄소배출을 줄이지 못하면 100년 뒤엔 충청도 근해에서 가두리로 참다랑어를 키우고 있을지도 모를 일이다.

오후 4시30분, 어부들이 '물을 보러' 나간다. 9t과 6t 배가 엔진음을 내며 정치망과 가두리로 향한다. 오후에도 참다랑어는 올라오지 않았다. 한수대가 욕지도 부근을 지났기 때문이다. 뱃사람들이 쓰는 말 중 운칠기삼(運七技三)이 있다. 기술의 몫은 고작 3할. 운이 따라줘야 잡을 수 있다는 뜻이다.

참다랑어는 "참말로 달다", "살살 녹는다". 살코기를 말려 얇게 깎아내면 우동 국물을 우려내는 '가쓰오부시'가 된다. 에이코사펜타엔산(EPA), 도코사헥사엔산(DHA), 셀레늄이 많아 '어르신 건강'과 '아

이들 두뇌'에 좋다. 머리칼과 피부결도 부드럽고 반짝이게 한다. 그래서 '등 푸른 보석'으로 불린다. 어부들은 이 좋은 참다랑어가 팔려나갈 날을 기다린다. 조바심을 낸다. 목이 빠진다.

제5장

스피츠 그룹

1. 진돗개와 시베리안 허스키도 모두 북방 스피츠견?

자랑스런 진돗개는 스피츠형 품종

우리나라의 자랑스러운 국견(國犬)이라면 대한민국 국민이라면 누구나 진돗개를 손꼽을 것이다. 진돗개는 「한국진도개 보호·육성법」으로 단일 품종으로서는 그 예를 찾기가 힘들 정도로 정부 차원에서 보호받는 품종이기도 하다.

필자도 진돗개의 영리함과 용맹스러움 그리고 주인을 향한 한 없는 열정을 보면 정말 매력적인 개라고 칭찬한다. 필자가 학창시절 어른이 다 된 진돗개(黃狗)를 키운 적이 있다. 처음 그 진돗개를 접했을 때 그 녀석이 필자를 주인으로 여기지 않고 수시로 반항하고 공격적인 성향을 보여 매우 힘들었다. 결국 개 전문가라고 자처하는 필자의 수개월 간에 걸친 끈질긴 회유와 공작으로 그 개는 누구보다도 말을 잘 듣고 순한 개가 되었다. 산책을 같이하며 장시간 꾸준히 서로 간의 신뢰를 쌓은 작업이었지만 그 과정은 상당히 멀고도 험난했다. 진돗개 길들이기 방법은 필자만의 노하우가 좀 더 있으나 여기까지만 공개하고자 한다.

우리의 국견 진돗개도 대표적인 스피츠형 품종에 속한다. 스피츠는 독일어로 '뾰족하다'라는 뜻인데, 애견과 관련해서는 일본 스피츠(Japanese Spitz)라는 특정 품종을 지칭하거나 특정 견종 그룹(Spitz-typed dog)을 지칭하는 용어로도 사용된다.

일본의 전문 개 서적에는 스피츠(Spitz)를 한자로 예리(銳利), 첨(尖)이라고 표현한다. 그러면 스피츠형 품종의 개들은 뭐가 그렇게 예리하고 뾰족한 것일까? 이 견종 그룹에 속한 품종들은 거의 공통적으로 귀와 입주변이 뾰족하다.

스피츠형 개들은 늑대와 가까운 야성미 넘치는 개

스피츠 그룹에 속한 개들은 대개 북극 인근의 추운 지방이 그 기원인 것으로 알려져 있다. 이 개들은 이후 북극권에서 가까운 동아시아, 북부 유럽으로 전파된 것으로 추정된다.

이들은 다른 개들보다는 해부학적인 외모에서나 혈통적인 측면에서 보면 개들의 친척인 늑대와 가까운 관계로 이들은 다른 개들보다는 야생의 기질이 많이 남아있다. 스피츠 타입의 개들은 시추, 페키니즈, 몰티즈와 같이 처음부터 애견을 목적으로 하여 개량한 품종이 아닌 만큼 다들 만만치 않은 개성과 성격을 가지고 있다.

시베리안 허스키, 사모예드 등 상당수 스피츠형 개들은 썰매를 끌고, 양을 치고, 사냥을 하는 용도로 개량되었고 일부는 집을 지키기 위한 용도인 번견(番犬)으로도 활용되었다. 이런 전형적인 스피츠형 견종의 특징을 가지고 있는 진돗개는 노루나 멧돼지 등의 사냥도 잘하고 경계심도 매우 강해 집도 잘 지키기로 유명하다.

포메라니안부터 사모예드까지 크기도 종류도 다양한 스피츠형 개들

이런 스피츠형 품종들의 아주 오래 전 조상은 하나였겠지만 오늘
날에는 포메라니안과 같은 초소형 품종에서부터 진돗개, 시베리안 허
스키, 저패니즈 스피츠와 같은 중형견과 아키다견, 알라스카 말라무
트, 사모예드와 같은 대형견 등 그 크기도 매우 다양하다.

이들 스피츠형 개들을 보면 크기와 모색은 차이가 있지만 아직도
늑대의 야성적인 매력이 넘치는 생김새가 남아있는 등 전체적으로
비슷하다는 것을 알 수 있다.

2. 여왕의 사랑을 받은 포메라니안, 이 작은 애견도 원래 는 썰매개

포메라니안의 선조는 썰매개?

소형 애완견은 다들 예쁘고 깜찍하다. 잘 만든 봉제인형보다도 훨
씬 예쁘다. 특히 몰티즈, 파피용, 치와와, 토이 푸들, 요크셔 테리어
등을 보고 있으면 정말 그렇다. 이런 화려한 외모를 가진 쟁쟁한 애
견들 가운데서도 포메라니안(Pomeranian)의 외모는 독보적이다. 특히
강아지 때의 포메라니안을 보고 있노라면 다른 개들과는 격이 다르
다는 말밖에 나오지 않는다.

포메라니안과 더불어 애견계의 양대 미견(美犬)으로 일컬어지는
요크셔 테리어는 성견이 되면 포메라니안을 필적할 만한 외모를 갖
추지만 강아지 시절의 외모는 포메라니안에 미치지 못한다. 물론 이
런 필자의 견해에 대해 요크셔 테리어 애호가들이 반발할 수도 있겠
지만, 요크셔 테리어와 포메라니안을 모두 키워 본 애견가의 객관적(?)

입장에서 보면 그렇다.

포메라니안은 성견이 되어서도 체중이 2kg 내외에 불과한 소형 애견 중에서도 가장 작은 견종에 속한다. 그러나 이렇게 작은 포메라니안의 조상은 북극권인 그린란드(Greenland)와 스칸디나비아 지방의 라플랜드(Lapland)에서 썰매를 끌던 당당한 체격의 썰매개(sled dog)였다. 어떻게 썰매개가 십분의 일도 안 되는 체격의 작은 개로 변신했을까?

포메라니안은 시베리아에서 썰매를 끌며 순록을 지키는 썰매개 사모예드(Samoyed)와는 혈통상으로나 외형적으로나 유사한 측면이 많다. '미소천사'라는 애칭을 가진 사모예드의 외모를 보면 포메라니안과 유사한 점이 무척 많다. 누군가 사모예드를 엄청나게 축소시킨다면 희귀한 화이트 포메라니안이라고 부를 것이다.

사진 속에 있는 포메라니안(성명: 달봉이)은 2010년 5월 태어난 수컷으로 모견은 갈색, 부견은 흰색 포메라니안이다. 달봉이는 부모견의 영향을 받아서 전체적인 모색은 흰색이나 귀는 갈색을 띠고 있다. 달봉이는 상당히 민감한 성격의 소유자로 작은 소리에도 잘 짖는 전형적인 포메라니안이다. 참고로 포메라니안의 모색은 대부분 갈색 계열이지만 검은색, 흰색 등 특이한 색깔도 있다.

포메라니안의 조상들의 고향으로 추정되는 그린란드는 캐나다의 북동부에 위치한 세계 최대의 섬으로 오랫동안 덴마크 왕국의 식민 지배를 받았으나 2008년 11월 25일 자치권 확대 투표를 통해 이듬해 6월 21일부터 사실상의 독립국 지위 회복을 선언했다. 원주민인 이누이트족(Inuit)에게 썰매개는 생사고락을 함께하는 없어서는 안 되는 인생의 동반자이다. 이 썰매개들은 북극의 혹한을 이겨낼 수 있도록 짧은 털이 이중으로 촘촘히 나 있다. 또한 발바닥(pad)도 따뜻한 지방에서 사는 개들에 비해 상당히 두터워 날카로운 얼음에 베이지 않고 눈밭 위에서 며칠을 달려도 다치지 않게끔 진화되었다.

썰매견의 후손인 포메라니안도 이런 영향으로 몸에 이중의 털이 촘촘히 나 있다. 따라서 포메라니안을 키우는 분들은 매일 정기적으로 빗질을 해 주는 것이 개의 털 관리와 피부 건강을 위해 좋다. 이중의 털 때문에 포메라니안의 빗은 다른 개들의 빗과는 다소 다른 모양으로 생겼다.

여하튼 포메라니안은 키우는 사람의 많은 정성과 사랑 그리고 관리를 필요로 하는 견종임에 틀림없다. 포메라니안의 가장 큰 매력은 풍성한 털인데 그런 매력을 발휘하게 하려면 엄청난 혹한을 제외하고는 겨울에도 실외에서 포메라니안을 사육하는 것이 좋다. 하지만 포메라니안의 체형이 너무 작고 동정심을 자극하는 얼굴이어서 과연 그런 개를 실외에서 사육할 사람이 있을지는 의문이다.

포메라니안의 또 다른 고향으로 추정되는 라플랜드는 스칸디나비아 반도의 북부 지방과 러시아의 콜라반도에 사는 라프족 거주 지역으로 유럽에서 가장 추운 지역에 속한다. 라프족은 순록을 키우며 어업과 사냥에 종사하는데 이동 수단으로 개썰매를 이용한다. 라프족의 개들은 썰매도 끌며 늑대나 곰으로부터 소중한 순록을 지키는 중요한 역할도 한다.

썰매개에서 양치기개로 변신한 포메라니안

포메라니안의 선조들은 북극권에서 썰매를 끌다 어떤 경로인지는 불분명하나 발트 해(Baltic Sea) 남쪽 연안에 위치한 포메라니아(Pomerania) 지방으로 전래되었다. 발트 해가 스웨덴, 핀란드, 러시아, 독일, 폴란드 등과 연접해 있음을 고려하면 북극권에서 살던 포메라니안의 선조들이 여러 교역물품들과 함께 이곳으로 온 것으로 추정된다.

포메라니아 지방은 오랜 기간 여러 유럽 국가들의 힘이 충돌한 지역으로 폴란드, 프로이센, 스웨덴이 치열하게 소유권을 놓고 다투었다. 18세기 이후 프로이센의 힘이 강성해지자 프로이센의 한 주인 포메른(Pommern)으로 편입돼 독일 영토로 편입되었다. 하지만 1, 2차 세계 대전에서 프로이센 왕국의 후신인 독일의 연속 패배로 이 지역 대부분은 다시 폴란드로 넘어가고 독일은 서쪽 일부 지역만 갖게 된다.

이런 복잡한 역사를 가진 포메라니아에 전래된 포메라니안은 북극권 같이 눈과 얼음이 연중 존재하지 않는 곳에서 썰매개가 될 수는 없었다. 포메라니안은 포메라니아 농민들이 키우는 양들을 늑대와 같은 포식자로부터 지키는 목양견 역할을 하도록 임무를 새롭게 부여 받게 된다.

돌돌이는 2007년 5월 생 수컷으로 부모견이 모두 황갈색이다. 돌돌이는 헛짖음이 거의 없는 비교적 얌전한 성격이다.

포메라니안계의 대모, 영국 빅토리아 여왕

18세기 이후 포메라니안은 이탈리아, 영국 등 당시 유럽에서 부유한 나라들로 보급되는데, 특히 영국으로 건너 간 포메라니안들은 영국인들에 의해 개량이 거듭되며 현재와 같은 소형 애완견으로 바뀐다.

포메라니안에 대한 영국 빅토리아 여왕의 애정은 남달랐다. 여왕이 1888년 플로렌스(Florence, 이탈리아 피렌체의 영어식 지명)를 순방하다가 당시 현지 관계자들로부터 중형견 크기이던 포메라니안을 선물 받았다. 여왕은 애견인으로 그 명성이 영국을 넘어 전 유럽에서 자자하여 현지인들이 여왕의 이런 기호를 알고 선물한 것으로 추정된다.

한눈에 포메라니안의 매력에 푹 빠진 여왕은 이후 포메라니안을 소형화하는데 많은 지원과 노력을 아끼지 않는다. 영국인들의 선택적 번식을 통해 혈통이 개량된 포메라니안은 여러 나라로 보급되었고, 도그 쇼에서도 선풍적인 인기를 얻게 된다.

포메라니안에 대한 여왕의 열정은 대단하여 자신이 직접 키우는 개들을 도그 쇼(Dog Show)에 출품하기도 했다. 포메라니안에 대한 빅토리아 여왕과 영국인들의 노력 덕분에 영국으로 반입될 때 5.5~8kg이던 체중은 1.8~2.3kg으로 줄었고 다양한 털색을 갖게 되는 등 고급 애견 품종으로 거듭났다.

3. 북극여우 키우고 싶다면 대신 스피츠를

필자의 첫 애견, 스피츠 빠루

누구나 살다보면 잊지 못할 추억이 있을 것이다. 그런 아련한 추억을 그리워하며 사는 것이 우리의 인생이기도 하다. 어떤 이는 집 앞에 있던 시골의 돌다리를, 또 다른 어떤 이는 마을 어귀 정자나무를, 집 앞에 있던 조그마한 구멍가게를 평생 잊지 못할 수도 있다.

필자에게는 개에 관한 아주 오래된 추억이 있다. 필자의 첫 개였던 순백의 아름다운 스피츠(Spitz)에 대한 추억들은 아직도 필자 마음속에 살아 숨 쉬고 있다. 비록 그 개는 갔지만 남기고 간 추억은 그대로 살아있다.

참 여기서 얘기하는 스피츠는 특정 품종 이름으로, 주둥이가 뾰족하고 귀가 쫑긋하게 선 진돗개, 아키다, 시베리안 허스키, 사모예드 같은 북방 스피츠 그룹(Northern spitz group)의 개들을 뜻하는 것은 아니다.

필자가 어린 시절 스피츠가 대유행한 적이 있었는데, 당시 마당이 있는 집에는 스피츠 한 마리 정도는 키워야 한다는 인식도 있었다. 그런 차원에서 영입되었는지는 잘 모르겠지만 필자가 키웠던 첫 애견인 스피츠 '빠루'는 정말 영리하고 경계심이 참 많았던 녀석이었다.

빠루는 집을 지키는 번견(番犬)으로는 정말 최고의 개였다고 생각된다. 낯선 사람을 보면 확실히 짖어 주인의 시선을 집중시켜서 주인은 도둑 걱정을 하지 않고 밤새 잠을 푹 자도 좋을 것 같다는 느낌이 들 정도였다. 덤으로 빠루는 쥐도 참 잘 잡았다. 같이 살던 고양이 '나비'와 맞먹는 실력을 자랑했다.

다만 '빠루'는 필자가 키우던 병아리 한 마리를 잡아먹어서 필자에게 혼이 많이 난 적이 있었는데, 그게 '빠루'에 대한 추억 중 유일한 '옥에 티'이다.

'빠루'처럼 새하얀 스피츠는 북극여우처럼 순백의 긴 털을 가진 깜

1년생 스피츠 암컷 '히주'. 히주 생일을 축하하는 의미에서 주인이 사진을
촬영해준 것인데, 사람으로 치면 돌사진이라고 할까?

찍한 외모의 소유자다. 필자가 생각하기에 만약 처음 스피츠를 보는
사람이 있다면 제 아무리 개를 싫어한다고 주장해도 한 눈에 이 개의
아름다움에 마음을 사로잡힐 것이다.

만약 북극여우의 아름다움에 빠져 애완견으로 키우고 싶은 생각이
있는 사람에게는 대신 이 스피츠를 권하고 싶다. 스피츠는 북극여우
가 잘 못하는 집 지키기도 잘한다.

샤모예드 그리고 독일계 스피츠들의 후손 일본 스피츠

스피츠는 일본에서 개량된 개로 품종 이름은 일본 스피츠(Japanese
Spitz)이다. 그렇지만 이 개의 원래 원산지가 일본이라고 말할 수는
없고, 일본에서 개량되어 현재의 체형, 즉 스탠다드를 완성시켰다고
보는 것이 맞다.

스피츠의 기원에 대해서는 여러 설들이 있다. 1920년대 중국 북부

지방에서 일본으로 유입된 독일계 스피츠 품종들을 일본인들이 개량 사업을 펼쳐 현재와 같은 크기로 소형화시켰다는 설도 있고, 대형견 인 시베리아 원산 사모예드(Samoyed)를 선택적 교배를 통해 현재의 중형견 크기 스피츠로 소형화시켰다는 설도 있다.

필자 생각으로는 스피츠 개량사업에는 독일계 스피츠 견종(화이트 계열)과 사모예드가 같이 사용된 것 같다. 대형견인 사모예드 단일 품종으로 단시간에 스피츠 크기로 축소시키기에는 현실적으로 무리 가 있다.

1940년대 이후 단일 품종으로 혈통이 확실히 고정된 일본 스피츠 는 일본의 경제 부흥기가 시작된 1950년대부터 일본의 대표적인 가 정견으로 상당한 인기를 끌게 된다. 이후 이 개는 스웨덴을 비롯한 유럽 각국에 수출되면서 세계적 품종으로 자리 잡는다.

화이트 포메라니안 분양에 악용되기도 했던 스피츠

간혹 스피츠는 상당히 고가인 화이트 포메라니안과 강아지 때 외 모가 비슷하다는 이유로 사기에도 이용되기도 한다. 원래 포메라니안 은 황금색이 대다수인데 드물게 검은색, 흰색 포메라니안도 나온다.

2010년 4월 한 인터넷 분양사이트를 통해 화이트 포메라니안을 싸 게 판다고 거짓 분양광고를 낸 후, 이를 보고 화이트 포메라니안을 신청한 소비자들에게 포메라니안 대신 스피츠 강아지를 배달시킨 사 기사건이 있었다. 판매업자는 환불 요구 등을 우려하여 수시로 전화 번호를 바꾸면서 사기행각을 벌였다고 한다.

사실 어린 강아지만 보면 일반인들은 두 품종을 구별하기 어렵다. 그런데 시간이 지나면 스피츠 강아지는 쑥쑥 커서 다 커도 2~3kg 내외인 화이트 포메라니안과 구별이 가능하다.

당시 화이트 포메라니안을 스피츠로 사기 분양한 인터넷 판매업자는 이런 글을 남겨 놓으면서 사람들을 유혹하였다고 한다. 이 글을 보고 독자들은 앞으로 이런 글에 속아 애견 분양사기를 절대 당하지 않기를 바란다.

"집에서 키우던 강아지인데 어쩔 수 없는 사정 때문에 눈물을 머금고 팔 수밖에 없습니다."

4. 악령 쫓는 개, 차우차우

곰의 얼굴에 사자의 갈기를 한 개, 특이한 외모의 차우차우

사악한 기운이나 악령을 쫓아내는 주술적인 역할을 한 사자개 얘기는 페키니즈 편에서 자세히 설명을 한 바가 있다. 그런데 차우차우(Chow Chow) 역시 옛날 중국, 몽골에서 사악한 기운이나 악령을 쫓는 사자개로 널리 활용되기도 했다.

우리가 아는 품종 이름인 차우차우는 이 개의 영어식 이름이며, 중국에서는 이 개를 송사견(鬆獅犬) 중국어 발음상으로는 송스취앤이라고 부른다. 송사견은 (더벅머리鬆+사자獅+개犬)이 합쳐진 이름으로 덥수룩한 털을 가진 사자개라는 뜻이다.

또 다른 중국 이름으로는 웅사견(熊獅犬)이 있다. 이 개의 외모가 귀여운 새끼 곰 같은 느낌이 나서 그렇게 부르는 것이다. 물론 중국에서도 이 개를 그냥 간단히 차우차우라고 부르기도 한다. 이러한 중국식 이름의 영향으로 일부 영어권 국가에서는 이 개를 '살찐 사자개

(Puffy-lion dog)'라는 귀여운 별명을
붙여서 불러주기도 한다.

차우차우의 외모는 정말 특이하다.
얼굴은 아기 곰 같이 귀엽고 털은 수
사자의 빛나는 황금색 털을 많이 닮
았다. 혀는 모든 개들 중에 거의 유일
하게 분홍색이 아닌 검은색에 가까운
청흑색(blue-black)을 띠고 있다.

차우차우의 특이한 외모는 혀에만
국한되지 않는다. 차우차우의 아몬드
같이 작은 눈은 마치 아기 곰이 먹이

2011년 5월 건국대 수의대 동아리 주최 애견
축제 행사장에 참석한 차우차우

를 잔뜩 먹고 자서 얼굴이 심하게 부은 모습이라고나 할까? 솔직히
차우차우의 작은 눈을 생각하면 청소년들이 밤늦게 시험 공부하다가
배가 고파서 라면 한 그릇을 먹고 그것도 부족해서 밥까지 말아먹은
후 바로 잠들어 퉁퉁 부은 모습이 떠오른다. 정말 희한한 마스크의
소유자임에 틀림없다.

집에서 살아있는 작은 곰 한 마리를 키우고 싶어 하는 분이 있다면
두말하지 않고 이 차우차우를 추천하고 싶다. 곰은 다 자라면 100kg
이 넘는 거구가 되지만 귀여운 차우차우는 다 자라도 20kg이 조금 넘
으니 마당이 있는 분들은 충분히 키워 볼만한 개다. 다만 차우차우는
털이 부풀어 오르는 특성이 있어서 실제 비슷한 체중의 다른 품종 개
들보다는 더 크게 보일 수 있다는 점은 알아야 할 것이다.

사자개로도 활용된 차우차우

차우차우는 중국이름으로 송사견(鬆獅犬)이라고 한다. 그 사자개라는 이름에 걸맞게 차우차우는 과거 중국, 몽골 등에서 사원을 지키고 악령을 쫓는 역할을 했다고 한다. 앞서 언급한 바 있지만 주로 티베탄 스파니엘(Tibetan spaniel)이나 티베탄 마스티프(Tibetan Mastiff) 종류의 개들이 사자개 역할을 하였다.

그런데 차우차우는 진돗개, 아키다견(秋田犬), 시베리안 허스키와 같은 북방 스피츠 종류로 분류되는데 어떻게 사자개 역할을 할 수 있었을까? 차우차우의 기원에는 여러 설들이 있지만 티베티안 마스티프의 혈통이 어느 정도 들어갔다는 설이 유력하다. 구체적으로 얘기하면 시베리아의 썰매견(sled dog)으로 유명한 사모예드(Samoyed)와 티베탄 마스티프(Tibetan Mastiff)를 교배하여 만들어졌다는 설도 전해지고 있다.

필자의 생각으로는 사자개라는 특성상 티베트를 근거로 한 개가 차우차우 혈통 고정에 어느 정도 역할을 한 점은 부인할 수 없을 것 같다. 차우차우의 얼굴을 보면 날렵하게 생긴 북방 스피츠로 보기에는 다소 뭉툭하고 귀여운 이미지다. 바로 티베탄 마스티프 혈통의 흔적이 보인다. 이러한 점을 감안한다면 차우차우가 오랜 기간 동안 사자개 역할을 하는 데는 큰 어려움이 없었을 것 같다.

세상에 개 이름이 음식이라고? 차우차우 그 이름을 둘러싼 슬픈 이야기

차우차우, 그 성의 없는 이름의 기원

차우차우(Chow Chow)라는 영어 이름은 이 개가 지닌 매력에 걸맞지도 않고 정말 성의 없고, 대충 지은 이름이다. 적어도 필자는 차우차우라는 이름을 그렇게 생각한다. 영어사전을 찾아보면 차우(chow)는 음식물(food)을 뜻하는 속어(俗語)로 차우차우를 우리말로 굳이 해석해 보면 '음식 또 음식'이나 '먹을 것 또 먹을 것'이라는 해괴한 내용이 된다. 동서고금을 통틀어 이런 식으로 이상하게 개 이름이나 동물 이름을 작명하는 경우가 있을까?

차우(chow)라는 영어 단어는 일부 영어권 국가에서 중국인을 폄하하는 말로도 사용된다. 다소 인종 비하적 속어인 셈이다. 차우차우의 고향이 몽골과 북중국인 점을 감안하다면 이런 이름은 상당히 문제가 많은 이름이라고 할 수 있다.

보통 개의 이름을 보면 그 개의 아름다움, 특징을 잘 표현하는 것이 꽤 많다. 프랑스가 원산인 어여쁜 파피용(Papillon)의 경우, 귀 모양이 나비를 닮았다고 해서 프랑스말로 나비인 파피용이라고 한다. 이 얼마나 아름답고 매력적인 이름인가?

영국 요크셔 지방이 원산지인 요크셔 테리어(Yorkshire Terrier)를 호주에서 개량한 실키 테리어(Silky Terrier)의 경우, 털이 마치 비단처럼 부드럽다고 해서 붙여진 이름이다. 정말 듣기만 해도 부드러운 이름이 아닌가?

어여쁜 개들의 아름다운 이름에 비해 차우차우란 이름은 정말 특이하고, 인종 비하적인 냄새까지 물씬 풍긴다. 지금이라도 바꾸면 안

되는 것일까?

그러면 차우차우라는 듣기 이상한 이름을 이 개가 가진 이유는 무엇일까? 이 개의 원래 고향인 몽골, 북부 중국 지방(주로 내몽골)에서는 옛날부터 차우차우를 잡아 그 털과 가죽은 옷과 장갑 등을 만드는데 사용하고 고기는 식용으로 사용했다고 한다. 특히 차우차우의 고기는 진미(珍味)라고 소문이 날 정도로 인기가 있었다고 한다. 그래서이 개의 이름이 '차우차우'가 되었다는 얘기가 있는데, 물론 미확인 주장이고 하나의 설에 불과하므로 그대로 믿기에는 무리가 따른다.

필자의 생각으로는 차우차우라는 이름은 개 식용 문화가 서양에 소개되는 과정에서 생긴 오해와 편견에서 만들어진 이름 같다.

2011년 5월 건국대 수의대 동아리 주최 애견축제 행사장에 참석한 차우차우

이제라도 차우차우를 이 개의 특징을 잘 설명하는 웅사견(熊獅犬) 또는 송사견(鬆獅犬, Puffy-Lion Dog)으로 불러주는 것이 어떨까? 그 이름들이 매력적인 이 개의 특징을 더 잘 설명하는 인도주의적인 이름이 아닌가?

5. 17개월 모신 주인을 평생 잊지 못한 아키타견 하치

우리나라 진돗개와 같은 북방 스피츠견의 일종인 아키타는 주인에 대한 충성심이 뛰어나서 한 번 주인은 영원한 주인이라고 생각하는 경우가 많다. 따라서 중간에 주인이 바뀌게 되면 개나 사람이나 무척 힘들어지는 품종이다. 진돗개도 이런 면에서는 아키타와 거의 비슷한 성향을 띈다. 한 주인만 영원히 따르려는 아키타의 독특한 성격 때문에 사육자 즉 핸들러가 수시로 바뀔 수 있는 군견, 경찰견으로는 다소 부적합하다.

일본인들은 아키타견(秋田犬, Akita Inu)하면 충직, 의리의 대명사로 여긴다. 아키타견에 대한 일본인들의 인식도 한 주인만 섬기려는 아키타의 성향과 깊은 관계가 있다. 그런데 언제부터 일본인들의 아키타견하면 충견의 대명사로 여겼을까? 지금으로부터 약 90여 년 전 돌아오지 않는 주인을 한없는 기다리다가 가엽게 숨진 하치(八, Hachi)의 영향이 크다.

1923년 11월 10일 일본 아키다현 오다테시(秋田縣 大館市)의 한 민가에서 예쁜 아키다견 강아지들이 태어난다. 그런데 강아지들의 주인은 일본 최고 명문대 도쿄대 우에노 히데사부로 교수의 제자였는데, 그는 평소 개를 좋아한 스승을 생각하여 이번에 태어난 새끼 중 한

마리를 선물로 드리기로 결심하고 수
컷 한 마리를 도쿄로 보낸다.

큰 덩치에도 불구하고 아키타견의 외모는 참
귀엽고 깜찍하다. 하얀 이빨은 아직 이 개의
나이가 어리다는 것을 보여준다. 전형적인 북
방 스피츠견의 얼굴을 가진 아키타견

　얼마 후 제자로부터 강아지 선물을
받은 우에노 교수는 시집간 딸 대신
강아지를 자식처럼 돌보며 행복해 한
다. 우에노 교수는 강아지의 이름을
무엇으로 정할까 고민하다가 뒷다리
가 마치 팔(八)자처럼 벌어졌다고 생
각하여 일본어로 팔을 뜻하는 하치(ハ
チ)라고 이름을 짓는다. 남편은 하치
를 안고 자고 목욕도 같이 하는 등 어린아이 이상으로 귀여워하고 사
랑해줬다. 남편의 유난스러운 사랑에 우에노 교수의 부인은 하치에게
남편을 빼앗겼다는 기분이 들 정도였다.

　하치는 매일 우에노 교수가 출근할 때마다 집에서 시부야역에 나가
배웅했고, 퇴근 시간에는 귀신 같이 그 시간을 맞춰 집에서 시부야역
까지 마중을 나갔다. 하치는 비가 아무리 많이 와도 변함없이 그 비를
다 맞으면서 우에노 교수를 기다려서 주위를 놀라게 했다. 하지만 충
견 하치와 우에노 교수 간의 행복한 시간은 그리 길게 가지 못했다.

　1925년 5월 우에노 교수는 수업 도중 뇌출혈로 쓰러져 끝내 집으
로 돌아오지 못하고 세상을 떠난다. 하치는 17개월 만에 주인과 영원
히 헤어지게 된 것이다. 우에노 교수의 부인은 남편이 사망하자 집을
정리하고 자신의 고향인 와카야마로 떠나고, 하치는 근처 이웃에게
맡겨진다.

　새 주인도 하치를 잘 돌봐주었지만 하치의 마음속엔 우에노 교수

뿐이었다. 결국 하치는 집을 나오게 된다. 하치는 꿈에도 잊지 못하는 옛 주인 우에노 교수를 매일 출근시간과 퇴근시간에 시부야역에서 기다리고 또 기다렸다. 하치는 유리걸식을 하면서도 그 마음에는 언제나 자신을 자식처럼 사랑했던 우에노 교수와의 짧았지만 행복했던 시절을 생각했다.

기약 없는 시간이 10년이나 흘러갔다. 사람이라면 10년을 그렇게 기다리지 못하겠지만 하치는 시부야역 인근을 10년 동안이나 떠나지 않고 매일 기다리고 또 기다렸다. 하치의 이야기는 사람들의 입에서 입으로 퍼졌다. 아사히신문(朝日新聞)에서 시부야역을 이용하는 사람들로부터 하치의 충직함을 듣고는 이를 대서특필했고, '충견 하치'는 일본 전역을 감동시킨다.

하치를 안타깝게 여긴 사람들은 하치에게 먹을 것을 가져다주기도 하고, 비에 젖지 않도록 천막을 만들어 주기도 했다. 그렇지만 이런 언론의 보도나 사람들의 관심은 하치에게 아무런 의미가 없었다. 하치는 결국 1935년 3월 8일 시부야역 근처에서 숨을 거두고 만다.

하치의 마지막 눈망울에는 어릴 적 자신을 안아서 재워주고 목욕시켜 주던 한 없이 다정했던 우에노 교수의 모습이 보였을 것이다. 또한 숨을 거두기 직전 차갑게 식어가던 심장에서는 매일 같이 출퇴근하던 우에노 교수와의 걸음걸이를 한 없이 그리워했을 것이다.

충견 하치는 이렇게 세상을 떠났지만 아직도 시부야역을 떠나지 않고 그대로 남아있다. 살아생전 하치의 모습을 토대로 1943년 하치를 기리는 동상이 제작되었다. 지금도 하치의 동상은 시부야역 5번 출구 앞에 있다. 필자는 이제 하치가 하늘나라에서 그렇게 그리워하던 우에노 교수와 다시는 헤어지지 않고 잘 살고 있을 거라고 생각한다.

슬프고도 감동적인 하치 이야기는 1987년 일본에서 영화로 만들어졌고, 2009년에는 할리우드에서도 리메이크되었다. 이 영화는 국내에서도 개봉되었는데 우에노 교수역에는 '귀여운 여인'의 주인공인 리처드 기어가 맡았다. 물론 배경도 미국으로 각색되었고 이름도 파커 윌슨 교수로 바뀌었다.

필자는 하치 이야기를 소설로도 읽어보고 아이들을 위해 사주었던 만화책으로도 읽어보았다. 이 책을 퇴근길 지하철에서 읽다가 눈물이 너무 많이 나고 그치지도 않아 주변 사람들이 이상하게 쳐다보기도 했다.

만약 하치 이야기를 아직 읽어보시지 않은 분이 계시다면 영화나 책 아니면 만화로라도 꼭 만나보길 권한다. 하치 이야기를 읽고 나면 자신의 옆에 있는 개를 꼭 안아주고 싶을 것이다. 세상에 있는 개들이 다르게 보이게 하는 좋은 작품이다.

::스핀오프: 동물이야기 〈5〉 칡소

어서 오라! 얼룩빼기 칡소의 부활

볼이 바알개진 숫총각처럼, 소가 일어선다. 바람은 깊고, 하늘은 맑다. 도둑처럼 온다는 "가을이 개같이 쳐들어왔다"(최승자 시인). 목초를 맛보는 혀가 분주하다. 겨울을 견디고자 폭식한다. 소에게도 가을은 살찌는 계절. 일어선 소는 젖을 늘어뜨린 암소다. 암소가 암소의 엉덩이 위에 올라탄다. 녀석들은 암수를 구별하지 못한다.

암컷이 발정 난 암컷의 냄새를 맡고 일어선 것이다. 그렇다고 동성애는 아니다. 수컷은 사람의 기준으로는 부실하다. 생식기가 따뜻해지자마자 방사를 마무리한다(돼지 수컷은 사람이 손으로 성기를 꽉 쥐면 사정한다). 수컷의 생식기에 따뜻한 콘돔을 끼우면 수컷은 암컷이건 수컷이건 가리지 않고 올라타 정액을 내뿜는다.

한우는 본래 '먹는 소' 아닌 '일소'

지리산 바래봉이 암컷들의 장난질을 내려다본다. 봉우리가 가을 햇살을 받아 눈부시다. 소(牛)는 소목(偶蹄目) 솟과의 포유류. 한우 같은 가축을 포함해 물소, 들소, 야크, 가우르, 가얄, 밴팅이 모두 소다. 몸은 건장하고 머리는 낮다. 암수가 모두 뿔을 가졌다. 뿔은 마디 모양의 융기가 없고 뱀처럼 사리 틀거나 꼬이지 않는다.

아버지들의 아버지는 소를 생구(生口)라고 불렀다. 생구는 집안의 종을 일컫는 말. 사람대접하던 소가 죽으면 장사 지낸 뒤 먹었다. 소는 뜯어 먹히면서 사람에게 귀속한다. 머리는 국밥으로, 내장은 탕으로, 피는 선지로, 꼬리는 찜으로, 고기는 구이로서 사람의 몸으로 옮겨져 근육을 이루고, 피로 흐르며, 뼈를 세운다.

한국뿐 아니라 거의 모든 나라가 자국 소를 사랑하는 까닭은 등에 일을 업고 살다가 몸을 통째로 사람에게 귀속하는 숙명 덕분이 아닐까? 원래 한우(韓牛)는 '먹는 소'가 아닌 '일소'다. 일소가 천수를 누린 뒤 죽으면 사람이 먹는 것일 뿐. 소를 잡아먹는 걸 금지하는 법을 어겼다가 처벌받은 일화를 조선왕조실록은 전한다.

한우는 유럽원우(Bos primigenius)와 인도혹소(Bos indicus)의 잡종이 기원전 어느 때 한반도에 정착한 뒤 번식한 것으로 알려진다. 한우는 본래 고기가 질기고, 체구가 작다. 먹을거리로는 약점이 많았다. 체구가 커지고 살코기가 물렁해진 오늘의 한우는 개량한 것이다. 전두환 정권 때 덩치를 더욱 키우자며 외국소와 섞은 일도 있다.

한우가 외국소와 뒤섞인 만시지탄(晩時之歎)의 일 때문에 "한국에 더 이상 한우는 없다"는 주장도 있지만, 한우만큼 조상들이 부리던 동물의 DNA를 몸으로 오롯이 운반해온 가축은 없다. 우리가 먹는 돼지와 닭은 뼛속까지 외래종. 토종 돼지는 덩치 큰 녀석이 몸무게 80kg 가량으로 식용 가축으로 삼기엔 경제성이 떨어진다.

농경사회에서 소는 국가의 핵심 자산이요, 군수물자였다. 일제는 한국의 소를 약탈했다. 1910년부터 1945년까지 150만 마리의 한우를 일본과 중국, 러시아로 반출했다. "재래종(일본 토종소는 한우보다 덩치가 작다)보다 골격이 큰 데다 온순하면서 영리해 일소로는 최고다. 거친 사료도 잘 먹고 환경 적응 능력이 뛰어나다"면서.

일제가 한우에게 저지른 만행은 또 있다. 한 세기 전만 하더라도 한우는 적황색 털을 지닌 소가 전체의 87%, 털이 검은 흑우가 8%, 칡소가 3%였다. 그런데 일제가 1938년 한우 심사표준을 만들면서 '한우의 모색을 적갈색으로 한다'는 규정을 집어넣어 털색을 통일하면서 흑우와 칡소가 거의 사라졌다. 일제의 규정이 광복 후에도 이어지면서 현재는 흑우 100여 마리, 칡소 200여 마리가 남아있다.

칡소가 바래봉을 바라보면서 앞발로 흙먼지를 일으킨다. 거친 표정엔 힘이 넘치고 강한 근육은 출렁거린다. 화가 이중섭이 화폭에 옮긴 소가 그림에서 걸어나온 듯하다. 이중섭의 소가 바로 칡소. "얼룩빼기 황소가 해설피 금빛 게으른 울음을 우는 곳"(정지용 시인)이라는 절창에 등장하는 '얼룩빼기 황소'도 칡소다. 박목월의 동요 '얼룩송아지'도 젖소가 아닌 칡소가 주인공.

　일제가 퇴출시킨 칡소는 맛이 좋아서 임금 상에만 올랐다는 말도 있다. 고구려 벽화에도 칡소가 등장한다. 그 칡소가 부활을 예비한다. 멸절을 막으려고 DNA를 보관해온 농촌진흥청 가축유전자원시험장이 복원, 양산에 나서기로 했다. 칡소끼리 교배해도 누런 송아지가 나올 만큼 불완전하지만 연구를 계속해 후대로 이어질 칡소 DNA를 확보하고자 한다.

　일제가 한우 색을 하나로 통일한 이유는 일본산 와규(和牛)의 털이 검기 때문이다. 조선소=적갈색, 와규=흑색으로 구분한 셈이다. 일제가 수탈한 한우 가운데 와규로 정착한 품종도 있다고 한다. 와규는 육질이 연하고, 기름기가 많다. 햇볕을 쏘이지 않고 키운 소로 똑바르게 걷지 못할 만큼 약하다. 곰국을 끓이려고 다리뼈를 망치로 두드리면 바스러진다.

토종 자존심 간직한 신성한 동물

와규는 한우가 한국에서 그렇듯 일본의 자부심이다. 한국에서 팔리는 와규는 호주산. 도쿄에서 파는 와규도 호주산이 많다. 왜 이렇게 됐을까? 1997, 98년 일본의 실수 때문이다. 와규 정액 1만 3,000개 스트로와 생축 100여 마리를 미국에 수출한 것이다. 미국은 자국 소 개량에 이용한다는 명목으로 와규와 녀석의 정액을 수입했다. 그런데 미국이 정액과 소를 호주에 재수출했다. 호주는 와규를 이용해 교잡종과 순종을 증식했다. 그러고는 한국 일본으로 수출길을 텄다. 일본 농민들은 송아지 값이 오르자 호주에서 송아지를 수입했다. "3개월 넘게 일본에서 사육하면 국산"이라는 일본의 규정을 이용한 것. 뒤늦게 일본 정부가 와규 유전자와 관련한 특허 획득에 나섰지만 시장의 혼란은 여전하다.

와규는 달다. 입에서 녹는다. 그래서 비싸다. 한국과 일본에서 쇠고기는 마블링(지방과 단백질이 만든 띠)이 가득해야 고급육으로 친다. 한우는 미국소, 호주소, 뉴질랜드소, 중국소보다는 마블링이 월등하지만 와규만은 못하다. 마블링이 아름다운 쇠고기가 몸엔 해롭다. 포화지방산이 많기 때문이다. 쇠고기 → 닭고기 → 오리고기 → 개고기 순으로 몸에 좋은 불포화지방산이 많다.

와규의 마블링이 아름다운 까닭은 외양간에 가둬 키우면서 옥수수 같은 곡식만 먹이기 때문이다. 한우도 그렇게 키우는 예가 많다. 초원에서 풀을 먹고 자란 소는 기름기가 적다. 호주와 뉴질랜드 농민들이 한국, 일본 수출용 소에는 곡식을 주로 먹이는 까닭이다. 풀이 주식이라면 곡식은 간식. 마블링이 아름다운 소는 '밥' 대신 '초콜릿'만 먹은 소일 가능성이 높다.

한국의 한 대기업은 호주로 한우 수정란을 가져가 그곳에서 키운 뒤 한국으로 수입하는 비즈니스를 기획했다. 한우를 지키고자 눈을 벼려온 연구자들은 이 업체를 매국노 보듯 한다. 구상대로 사업을 진행하면 소비자는 값싼 한우를 먹겠으나, 한우시장도 와규시장처럼 회오리칠 것 같다. 연구자들은 보관 중인 한우의 정액을 신주처럼 다룬다.

소설가 윤대녕은 "먹을거리로서의 소를 얘기하는 것은 가슴 아픈 일이다. 우선 초식동물이기에 그렇고, 집짐승으로서의 소는 더더욱 그렇다"고 말한다. 그의 말대로 사람에게 소는 '신성한, 너무나도 신성한' 동물이다. 오후 5시, 가을 햇살이 눈부시다. 소 풀 뜯어먹는 소리가 들릴 만큼 사위가 적막하다. 칡소가 일어선다. 땅을 박찬다. 흙먼지가 인다.

::칡소
- 학명: Bos taurus
- 분류: 소목 솟과
- 생활방식: 초식성, 반추동물, 주행성
- 생식: 임신기간 270~290일, 1~2마리 낳음
- 수명: 약 20년

제6장

우리나라 개

1. 1940년대 조선 토종견 말살정책

일본군 피혁 확보…사상 유례없는 '개 홀로코스트'

일제 수탈이 극성이던 1940년대 조선총독부는 '조선 토종견 말살 정책'에 나섰다. 그 결과 조선 토종견 대부분이 멸종했다. 일본은 1937년 중일전쟁 개전 이후부터 한반도에서 사용 가능한 물적, 인적 자원을 총동원했다. 나이 어린 학생을 징병하고 중년층까지 징용해 전장으로 보내는 것은 물론, 쌀과 쇠붙이 등 전쟁에 필요한 식량 및 금속을 죄다 징발했다.

일본은 소나 양을 산업적으로 키우는 미국, 영국 같은 나라가 아닌 탓에 보병을 위한 방한용품과 전투기 조종사를 위한 항공용 의복 생산에 필요한 피혁류 확보가 난제였다. 태평양전쟁이 발발한 1941년 기준으로, 추위로 악명 높은 만주에 주둔한 관동군 수가 71만 명에 달했고, 일본이 보유한 전투기 수는 육군 4,826기, 해군 2,120기에 이르렀으므로 피혁 수요가 상당했다.

일본이 생각한 피혁류 확보 방안이 조선 토종견 견피(犬皮)를 사용하는 것이었다. '식민지 조선'은 군량미를 조달하던 식량 생산기지였던 만큼 농기구 구실을 하던 소를 잡아 피혁을 벗겨낼 수는 없었다. 경북대 하지홍 교수가 쓴 '한국의 개'에 따르면, 일본은 1940년 3월 8일 견피 판매를 제한하는 법령을 발포하고, 조선총독부령으로 설립한 조선원피주식회사가 견피를 독점 매입하게 했다.

식민지 통치 역사상 유례없는 일종의 '개 홀로코스트'다. 개 학살이 도처에서 벌어져 한반도에선 개 소리를 들을 수 없는 마을이 허다했다고 한다. 중일전쟁이 발발하고 제2차 세계대전이 마무리될 때까지 일본 본토에서도 적지 않은 개 학살이 자행됐다. 군용견으로 사용하는 독일 셰퍼드(German Shepherd)를 제외한 다른 개를 포획령을 내려 사로잡은 뒤 그 가죽을 벗겨 군수용품 소재로 활용했다.

어떤 이들은 일제의 토종개 말살정책이 일제의 의해 자행된 독도 강치 멸종과 유사하다고 보지만 본질은 다르다. 19세기 말 3만 마리가 넘었던 바다사자(Sea Lion)의 일종인 독도강치 멸종은 탐욕적인 일본 어민에 의한 남획 때문이지만, 토종견 말살은 군수물자조달을 위해 벌어진 국가적, 조직적 식민지 수탈정책의 하나다.

일본의 무모한 침략 야욕으로 삽살개 같은 토종개들은 매년 억울하게 수만 마리 이상 도축됐고 가죽제품으로 만들어졌다. 이런 슬픈 사연 탓에 조선의 토종개들은 일제 강점기를 거치며 거의 멸종한다.

우리의 역사 속에서 함께했던 토종견들이 채우던 자리는 광복 후 유입된 서양개들의 후손이 채우고 있다. 일제에 의해 학살된 토종견 수가 1938년부터 1945년까지 총 150여만 마리나 된다는 주장도 있는데 2009년 기준 우리나라 애견 수가 350만 마리로 추정되므로 일제에 의해 학살된 개 150만 마리가 얼마나 큰 규모인지 짐작할 만하다.

하지홍 경북대 교수는 2001년 10월 15일 고이즈미 준이치로(小泉純一郎) 일본 총리의 한국 방문 당시 조직적이고 야만적으로 자행된 한국 토종견 대학살에 대해 공식 사과하라고 요구했다. 하 교수는 2006년 5월 16일에도 기자회견을 통해 조선 토종견 학살에 대한 일본 정부의 사과를 거듭 촉구했다.

일본은 지금도 역사 교과서 왜곡을 별 다른 죄의식 없이 하고 있고 독도를 자기 땅이라고 억지 주장하는 등 주변 국가에게 끼친 잘못에 대해 인정하거나 진심어린 사과를 하지 않으려고 한다. 일제 강점기 조선개 대학살 사건에 대해 일본이 진정성 있는 사과를 하지 않는 것은 놀랄 필요도 없는 일인 것 같다.

2. 귀신을 쫓는 토종 사자개, 삽살개의 매력

삽살이는 한민족과 함께 해온 수호천사다. 식견문화 해소에도 일조하고 있다. 중앙대 국제대학원 주용식 교수의 삽살개 예찬론을 소개한다.

"삽살개(삽살이)에 푹 빠져 보호운동과 해외 홍보를 해온 지 7년이
됐다. 삽살개에 관심을 가진 것은 개를 사랑한다는 이유 외에 민족
역사를 알리고, 식견문화 탓에 벌어지는 코리아 디스카운트를 해소
하고 싶은 마음에서다. 삽살개는 신비로운 전설과 설화를 갖고 있
다. 이름부터가 삽(퍼내다), 살(악운) 아닌가. 삽살개는 수호천사적
인 의미를 지니고, 한민족과 삶을 함께해왔다. 도가에서는 신선 마
을을 지키는 수문장을 삽살개라고 부른다. 세계 4대 등신불로 꼽히
는 김교각 스님이 당나라로 출가할 때 삽살개가 동행, 열반할 때까
지 스님 곁을 지켰다고 한다. 일제는 삽살개 100만~150만 두를 도
륙해 관동군의 군복을 비롯한 군수품 제작에 사용했다. 한민족을
보호하는 의미를 가진 데다 털이 요긴해 학살당한 것이다. 오늘날
두 마리의 삽살개가 '독도 지킴이'로서 독도에 살고 있다. 삽살개
두 마리가 옛 치욕을 곱씹으며 독도를 수호하는 셈이다. 삽살개는
치우천황과도 깊은 관련이 있다. 기원전 2700년경 동북아에서는 고
대사 최대의 패권전쟁이 벌어졌다. 중국 탁록에서 중국 민족의 시
조 황제 헌원과 동이족의 천황 치우가 별인 전쟁이 그것이다. 사마
천은 '사기'에서 '금살치우'라고 기록해 헌원이 치우를 주살한 것
으로 적었지만, 우리 사학은 치우가 승리해 헌원을 신하로 삼았다
고 전한다. 동양의 산사 혹은 신사에서 흔히 발견되는 조형물 가운
데 하나가 사자 형상의 해태나 해치다. 중국에서는 비셰라고 하는
데, 이 조형물의 공통점은 악운을 쫓는 상징물이라는 점이다. 사자
를 닮은 상상의 동물이라고 여기는 사람이 많지만, 실은 '사자개'
를 바탕으로 만들어진 전설의 동물이다. 삽살개는 예로부터 사자개
라고 불렀다. 치우의 상징 또한 사자개라고 한다. 전쟁 때 치우는
호군, 견군을 두어 야생동물과 개를 병력으로 이용했다고도 한다.
치우와 사자개가 깊은 연관성을 갖는다고 추론하면, 삽살개가 우리
동이족의 영광된 고대 제국 코드를 지닌다고 할 수 있다. 미국에서
삽살개를 홍보할 때마다 이와 같은 이야기를 현지인에게 해줬다.
미국인은 일본의 야만에 분노를 표하는가 하면, 한민족이 단순한
중국문화권의 한 부분이 아니라는 점도 자연스럽게 이해했다. 삽살
개는 일제강점기와 6·25전쟁을 거치면서 멸종 단계에 이르렀다.
1970년대 초 30여 마리가 생존했지만, 경북대 하지홍 교수의 헌신
과 노력으로 지금은 3,000여 마리가 육종되고 있다. 미국인에게 일
본이 학살한 토종견을 복원해 천연기념물로 보존하고 있다는 점도
이야기한다. 그러면 그들은 한국의 식견문화에 대한 그동안의 생각
이 편견이었다고 인정하면서 설명에 고개를 끄덕인다. 식견문화로

한국이 받는 부정적 이미지는 상당하다. 한국 대통령이 미국을 방문하면 백악관 앞에서 '개 먹는 나라 대통령 방미 반대 시위'를 벌이는 동물 보호협회 회원을 볼 수 있다. 한국대사관에는 식견문화에 항의하는 서신이 한 달에 **10**통 넘게 배달된다고 한다. **9**월말 열리는 **LA** 한인축제는 삽살개를 공식 마스코트로 지정했다. 필자도 참여해 삽살개에 얽힌 고대사를 미국인에게 알릴 계획이다. 덧붙여 현재 국회에 계류 중인 삽살개 보호법이 속히 제정돼야 한다. 삽살개 보호운동을 통해 식견문화에 기인한 코리아 디스카운트를 해소해야 한다. 물론 삽살개 외교를 통해 국가의 소프트 파워를 높일 수도 있다."

3. 신라의 신비로운 개, 댕견

몸길이 52~55cm, 어깨높이 44~50cm, 몸무게 14~18kg. 겉털은 빳빳하고 윤기가 있으며 털끝은 가늘다. 속털은 조밀하고 부드럽다. 빛깔은 황색(황구), 흰색(백구), 검은색(흑구), 검은색과 황색 얼룩무늬(호구)가 있다.

'똥개' 이야기 아니냐고? 하하. 이 녀석이 한때는 똥개 취급을 받았다.

시곗바늘을 뒤로 돌려 1926년 경북 경주 황남동. 신라고분군 발굴이 한창이었다. 발굴단은 특이한 모양의 토기 유물을 발견했다. 이게 도대체 뭘까? 토기 뚜껑에 멧돼지와 개가 마주보며 으르렁거리는 모습이 새겨져 있었다. 개의 생김새가 독특했다. 꼬리가 없는 녀석이 있는가 하면 꼬리가 달려 있어도 짧았다.

이 녀석이 이 글의 주인공인 '댕견'이다. 이 녀석이 최근 천연기념물로 지정 예고됐다. 동국대 경주캠퍼스 최석규 교수(54, 생태교육원 객원교수, 사진)의 복원 노력 덕분이다. 이전까지 천연기념물로 지정된 토종개는 진도의 진돗개(제53호)와 경북 경산의 삽살개(제368호).

댕견은 동경견(東京犬) 혹은 동경이로도 불린다. 한때는 '꼬리 없는 바보개'라는 혹평을 들으면서 똥개 취급도 받았다. 최 교수의 노력으로 댕견은 현재 300마리로 늘어났다. 유네스코 세계유산으로 지정된 경주 양동마을에 집단으로 거주한다. 혈통 고정이 아직까지는 완벽하게 이뤄지지 않았다고 한다.

동경견이라는 이름은 경주개라는 뜻이다. 고려왕조 때 경주를 동경이라고 불렀다. 『삼국사기』, 『동경잡기』, 『증보문헌비고』, 『해동지』, 『경주읍지』 등에 '경주 주변에 살고 있는 꼬리 짧은 개'라는 식으로 녀석이 등장한다. 구이(狗異, 이상한 개)로 기록한 문헌도 있다.

영남에서는 땡갱이, 댕갱이, 댕댕이, 댕견 등으로 불렸다. 호남에서는 동개, 강원·경기도에서는 동동개로 불렸다. 일제 강점기에는 일본 신사에서 볼 수 있는 상서로운 개의 형상인 고마이누[狛犬]와 닮았다는 이유로 학살당했다. 가죽은 견피로 활용됐다. 꼬리가 없다는 특징으로 인해 '기형이다', '재수가 없다'는 말이 퍼져 죽임을 당하기도 했다.

외형은 진돗개와 비슷하다. 눈은 둥글고 눈썹이 발달했으며 눈동자는 검은색 또는 흑갈색이다. 귀는 앞을 향해 쫑긋하고 정수리에 위치한다. 코는 정사각형에 가까우며 일반적으로 검은색이다.

::스핀오프: 동물 이야기 〈6〉 말라위 시클리드

말라위 시클리드, 아프리카 원색의 아름다움
나일퍼치의 유입과 빅토리아 호수의 비극

아프리카에는 빅토리아, 탕가니카, 말라위 등 거대한 민물호수들이
있다. 이 호수들은 호수라고 말하기에는 너무나 규모가 커서 마치 바
다 같은 느낌을 주기도 한다. 아프리카 3대 호수에서 제일 작은 말라
위 호수(Malawi Cichlid)도 면적이 경상도 전체 크기와 맞먹을 정도이
니 얼마나 규모가 큰 호수인지 가늠할 수 있다.

이 거대 담수호들은 필자를 포함한 전 세계 열대어 마니아들을 열
광시키는 다양하고 색다른 아프리카 시클리드(Cichlid)들의 고향이기
도 하다. 시클리드는 농어목 시클리드과에 속하는 열대어로 주로 아
프리카, 동남아, 인도, 중남미 등 열대와 아열대 지방에서 서식한다.

시클리드 중에서도 아프리카 말라위 호수가 고향인 말라위 시클리
드들은 다양한 종류와 화려한 색상으로 대중적인 인기가 가장 많다.
이들은 모두 같은 조상에서 출발했는데, 비교적 짧은 시간에도 불구

하고 말라위 호수라는 격리된 장소에서 수백여 종의 다양한 품종으로 분화되었다.

국내 열대어 전문매장 등에서 판매되는 열대어(해수어를 제외) 중 상당수는 이들 말라위 시클리드들이기도 하다. 말라위 시클리드 중 상당수는 마우스 브리더(mouth breeder) 즉 입으로 치어를 보호하고 키우는 지극히 모성애가 강한 녀석들이다. 필자의 집에 있는 시클리드들은 이렇게 구내 보육을 할 경우 2주간 정도 아예 절식(絶食)을 하고 새끼만 돌본다. 이렇게 되면 시클리드들의 몸은 보기에 안쓰러울 정도로 바짝 야위게 된다.

아프리카 최대 호수인 빅토리아 호수(Lake Victoria)는 1950년대 낚시를 목적으로 영국인들이 들여온 초대형 민물고기인 나일퍼치(Nile Perch) 때문에 몸집이 작은 시클리드들의 개체 수가 급감하고 호수의 생태계는 크게 파괴되고 만다.

이에 반해 말라위 호수는 위협적인 외래종의 유입 없이 아직 시클리드들의 서식 환경이 확보되어 있는 것으로 알려져 있다.

나일퍼치는 초대형 민물 물고기로 다 자라면 길이가 2m가 넘고, 체중도 200kg에 달한다. 이들은 식성이 좋아 작은 물고기를 닥치는 대로 잡아먹는다. 마치 우리나라 강과 호수에 블루길(Blue gill)과 배스(Bass)가 유입되어 토착 소형 어류들을 마구 잡아먹은 것과 유사한데, 나일퍼치는 워낙 덩치가 커서 그 영향은 블루길 등이 생태계에 끼치는 영향과는 비교가 되지 않는다.

결국 나일퍼치 등 외래 어종이 호수에 대거 유입된 이후 300여 종 이상의 빅토리아 시클리드들은 멸종되고 말았다고 한다. 정말 안타까운 일이다.

물론 빅토리아 호수의 생태계 파괴에는 외래 어종인 나일퍼치 같은 어종들의 유입 외에도 주변 지역의 인구 폭증과 상업적 농업을 위한 대규모 개간, 과도한 화학비료 사용, 지나친 어류 남획 등과 같은 복합적인 요소도 중요한 원인이 되었다.

말라위 시클리드의 생태학적 중요성

작은 시클리드들은 물속에서 모기 유충인 장구벌레 등을 포함하여 작은 벌레와 조류(藻類)를 먹으면서 수질 정화와 생태계 유지에 많은 기여를 한다. 상식적으로 생각해도 나일퍼치 같은 초대형 어종들이 작은 조류나 벌레들을 잡아먹지
는 않을 것 같다.

따라서 시클리드 종류가 많은
곳은 조류가 적어 물이 깨끗하고
모기 유충도 과잉 번식하지 못해
말라리아 발병도 적다고 한다. 비
록 크기는 작지만 시클리드 같은
소형 물고기가 차지하는 생태계 비중은 이만큼 크고 중요하다.

세계에서 두 번째로 큰 담수호인 빅토리아 호수 인근 지역(우간다,
케냐, 탄자니아)은 최근 만성적인 식수 부족에 시달리고 있다고 한다.
큰 호수를 바로 옆에 두고도 물이 부족한 까닭은 무엇일까? 그 이유
는 과다한 화학비료 유입과 생태계 교란이다. 인근 농지에서 사용한
화학비료의 질소 유기물이 과다하게 호수로 유입되어 민물조류는 빠
르게 증가하는데 민물조류를 먹고 사는 시클리드 같은 작은 물고기
들은 줄어들어 민물조류의 증가를 제어하기 어려운 상황에 처했기
때문이다.

이러한 빅토리아 호수의 비극이 말라위 호수에서 일어나지 말라는
법은 없다. 말라위 호수 인근 지역의 자연 환경을 보전하고 말라리아
발병 억제 등을 통해 사람들의 건강을 지키기 위해서는 말라위 시클
리드들이 아름다운 호수에서 앞으로도 계속 번창해야 할 것이다.

권말부록

피도 눈물도 없는 맹수제국의 쿠데타
[사자, 호랑이 권력다툼 10년의 기록]

햇볕을 받아 바위는 따뜻했다. 오후는 무료했고, 흙은 자글거렸다. 비너스(암사자, 12세)가 떠난 사파리는 평화롭다. 칸(수호랑이, 3세)이 낮잠에서 깨어나 포효한다. 칸은 왕(王)의 자질을 가졌다. 스킨십에 강하다. 아래·위 맹수를 잘 다독거린다. 호랑이왕 시저(수호랑이, 15세)도 이 녀석 앞에선 머뭇거린다. 녀석도 아직은 발톱을 숨겼다. 왕에게 덤비지 않는다.

칸은 백호(白虎)다. 흰털 바탕에 갈색털 줄무늬를 가졌다. 민화(民話)는 백호를 상상의 동물로 묘사한다. 백호는 서쪽을 지키는 신령(西白虎). 이 상상의 동물은 1951년 현실로 나타났다. 히말라야에서 백호 수컷을 발견한 것. 지금 살아 숨쉬는 100마리 남짓한 백호는 모두 녀석의 자손이다. 녀석은 벵골호랑이와 짝을 맺어 유전자(DNA)를 퍼뜨렸다.

비너스는 어디로 갔을까?

신록이 우거진 5월의 햇살은 눈부셨다. 수사자 레오(5세)는 성적 취향이 독특하다. 암사자보다 암호랑이를 더 좋아한다. 레오가 점찍은 녀석은 갓 암컷 태를 내기 시작한 흰비(암호랑이, 2세). 마주 앉은 두 맹수의 모습이 정겹다. 레오는 7월이면 '아빠'가 된다. 3월말 암호랑이 들호(5세)의 질에 정자를 뿌렸다. 호랑이 암컷은 110일간 새끼를 밴다.

사자집단의 왕은 여비(수사자, 10세)다. 녀석은 2002년 집권했다가 이듬해 실각했다. 6년 만에 왕위를 되찾은 것. 녀석은 '여우'다. 실각한 뒤 발랑거리고 살랑대면서 어린 왕들의 비위를 맞췄다. 왕들은 차

례로 거세됐으나 그는 지금껏 살아남았다. 바닥으로 추락했다가 되돌아온 녀석은 겸손하다. 먼저 시비 거는 법이 없다.

에버랜드 '와일드 사파리'엔 호랑이와 사자가 동거한다. 1976년 사자왕국으로 출발한 뒤 87년 호랑이왕국이 꾸려졌고, 92년 사자와 호랑이를 합사했다. 1만 6,500㎡(5,000평)의 작은 초원에서 벌어지는 맹수의 권력다툼과 사랑, 질투는 다듬어지지 않았을 뿐 사람의 그것과 얼마간 비슷하다. 먹이사슬의 꼭대기에 올랐기에 매섭고, 힘을 가졌기에 거칠다.

최근 맹수제국에 큰 변화가 있었다. 백호왕국이 새로 들어선 것. 사람들은 갈색털 호랑이 대신 흰털 호랑이를 사파리에 넣었다. "백호가 나타나면 권력자는 몸을 낮추고 부자는 탐욕을 부리지 않는다"고 전설은 구전한다. 민담은 "산전수전 겪은 호랑이가 세상 이치를 깨달으면 털이 희게 변한다"고 전한다. 백호왕국과 사자왕국은 전면전에 앞서 탐색전을 벌이고 있다.

틈이 날 때마다 사자, 호랑이의 세계를 들여다보았다. '돈과 자리를 둘러싼 사람의 이전투구가 맹수의 권력다툼과 얼마나 닮았을까'라는 막연한 호기심에서 비롯한 관찰이었다. 맹수의 제왕전쟁은 피도 눈물도 없었다. 녀석들의 쿠데타는 실감나는 약육강식의 현장이었다. 권력 줄을 놓은 왕은 2인자가 아닌 바닥으로 추락했다.

2005년 여름, 암사자 비너스는 무서울 게 없었다. 호랑이를 두들겨 패는 게 비너스의 놀이였다. 녀석은 맹수제국의 여제(女帝)로 10년간 군림했다.

호랑이 두 마리가 소란스럽게 다퉜다. 비너스는 호랑이들이 버릇없이 설친다는 듯 호랑이 구역으로 향했다. 비너스를 따라 사자들이 떼로 호랑이들에게 달려들었다. 호랑이들은 혼비백산(魂飛魄散)했다. 얼어붙은 듯 오금을 펴지 못했다. 싸움은 싱겁게 끝났다. 수사자들의 갈기털이 곤두서자 호랑이들은 후미진 곳으로 꽁무니를 뺐다.

비너스는 가장 센 사자 수컷을 다스림으로써 '작은 초원'을 지배했다. 비너스의 마음을 얻은 자가 차례로 왕위(王位)에 올랐다. 비너스의 관능에 포박당한 어린 수사자가 쿠데타를 일으켜 왕위를 차지하고, 왕좌에 오른 어린 수사자가 늙으면 비너스에 매료된 또 다른 젊은 수사자가 반역을 일으키면서 '사자 왕국'의 왕위는 계승됐다.

2005년 초 여비를 몰아내고 왕위에 오른 아이디(8세, 수사자)의 솟구치는 양기도 비너스의 교태 앞에선 속수무책이었다. 아이디는 하루 종일 여제의 곁을 지켰으며 하위계급의 수사자들도 너나 할 것 없이 비너스를 흠모했다.

비너스가 세상을 다스리는 법은 비겁하면서도 영특했다. 비너스는 마음에 안 드는 사자나 호랑이가 있으면 다가가 시비를 건다. 그러면 녀석의 매력에 포박당한 힘 좋은 수사자가 비너스가 눈길을 준 사자나 호랑이를 혼내준다. 폭력은 질투, 욕심에서 나오는 법. 맹수는 먹이, 섹스, 영역을 놓고 욕심과 질투를 부린다.

비너스의 색공

비너스는 대(大)자로 누워 수컷에게 속살을 보여주며 앙탈을 부릴 때도 앙칼졌다. 사람의 눈으론 종잡을 수 없는, 맹수의 눈에만 보이는 특별한 매력을 가졌다. 수사자의 목덜미를 핥는 비너스의 혀는 능란했다. 녀석은 강한 수컷을 '핥고, 빠는'데 능숙한 타고난 아부꾼이었다.

아부는 DNA를 퍼뜨리고 살아남는 데 도움이 되는 전략적 행위라고 동물행동학은 가르친다. 인간과 동물의 유전자에 각인된 본성이라는 것. 빌 클린턴이나 로널드 레이건 같은 정치가들은 유권자의 '엉

덩이를 핥는(ass-licking)' 일에 능란했다고 미국 시사주간지 ≪타임≫의 전 편집장 리처드 스텐젤은 말한다. 사람이 성공하려면 아래·윗사람을 다독거리고(stroking) 빨아주는(sucking up) 일에 뛰어나야 한다는 것. 비너스가 그랬다.

사람과 98% 넘게 DNA를 공유하는 침팬지의 아부는 혀를 내두를 만큼 전략적이다. 동물행동학의 권위자 프란스 드 발은 침팬지가 다른 침팬지에게 우러러보듯 인사하는 까닭은 사귀어놓으면 도움이 되는 개체의 환심을 사고픈 마음에서라고 말한다. 드 발은 침팬지가 우두머리에게 굽실거리는 행위에 '절(복종적인 인사, submissive greeting)'이라는 이름을 붙였다.

하위계급의 수컷 침팬지는 틈날 때마다 보스의 털을 골라주거나 몸을 핥아준다. 우두머리의 발에 키스하는 모습도 관찰된다. 대장에게 알랑거리는 녀석은 섹스, 먹이에서 혜택을 누린다. 보스가 비호하기 때문이다. 침팬지의 아첨은 DNA에 각인된 생존 전략이다. 보스한테 빌붙을수록 권력의 위쪽을 차지한다. 상위계급의 수컷들이 암컷과의 섹스를 분점하는 침팬지는 권력 피라미드의 위쪽을 차지할수록 DNA를 후손에게 물려줄 가능성이 커진다.

동물의 전략적 아부는 '위'에서 '아래'로도 이뤄진다. 쿠데타를 예비한 상위계급의 침팬지는 우군을 늘리고자 하위계급 침팬지의 털을 골라준다. 암컷들의 몸단장을 돕고 새끼들과 잘 놀아준 수컷이 권력투쟁에서 승리할 가능성이 높다. 노련한 우두머리는 쿠데타를 막고자 젊은 수컷들과 영향력 있는 암컷들에게 털고르기뿐 아니라 음식을 나눠주면서 지지를 이끌어낸다. 부하의 지지는 경쟁자와 대결할 때 상대를 찌르는 칼이 된다.

아이디는 여비의 왕위를 빼앗을 때 테크노(8세, 수사자), 투스(8세, 수사자)의 도움을 받았다. 합종연횡(合從連衡)은 동물의 권력다툼에서도 발견된다. 1995년 '호랑이 제국'을 끝장낸 수사자 포철은 동생 인철과 공동 정권을 만들었다가 인철이 천하와 손잡으면서 천하에게 왕위를 내놓아야 했다.

버빗원숭이들은 우두머리에게 빌붙음과 동시에 현재는 지위가 낮더라도 계략이 뛰어나 권력자로 부상할 가능성이 높은 개체를 짚어내 털고르기를 해준다. 미래의 권력자한테 알랑거림으로써 유대관계를 맺어놓으려는 것이다.

전설의 사자왕

비너스도 젊은 수사자로 '갈아타기' 전에 버빗원숭이들의 그것과 비슷하게 행동했다. 2006년 봄 비너스는 아이디가 낮잠을 잘 때마다 갓 어른 흉내를 내기 시작한 여섯 살 연하의 쿠쿠(당시 3세) 앞에서 교태를 부렸다. 여비를 몰아내고 아이디를 옹립할 때도 그랬다.

그 즈음 사자왕국의 파벌은 넷이었다. 아이디—테크노의 '형제 정권'(아이디가 왕이었지만 과격하기론 테크노가 으뜸이었다)과 투스(8세, 수사자)가 이끄는 서울대공원파(2001년생인 투스, 탤런, 키바, 하울은 서울대공원에서 태어났다), 갓 어른 흉내를 내기 시작한 쿠쿠와 비너스의 딸인 사강(6세, 암사자)이 주도하는 쿠쿠파, 그리고 옛 실력자 여비가 후미진 곳에서 재기를 꿈꿨다.

아이디가 낮잠을 자면 비너스는 쿠쿠의 차지였다. 녀석은 비너스의 곁을 떠나지 않았다. 다른 수사자나 암사자가 비너스에게 다가오면 송곳니를 드러내며 위협했다. 쿠쿠는 비너스가 다른 수사자를 향

해 발을 떼면, 여제의 엉덩이를 잡고 매달렸다. 비너스가 쿠쿠를 뿌리 치고 투스 앞으로 다가섰다. 쿠쿠의 질투심이 동했다. 수사자 간의 싸 움. 쿠쿠는 투스의 얼굴을 앞발로 내리쳤다. 젊은 사자의 주먹질은 대 단했다. 투스는 쿠쿠의 상대가 되지 못했다.

비너스는 섹스를 권력 유지 도구로 활용했다. 영특한 암사자는 수 사자가 자신을 공격할 기미가 보이면 흙을 깔고 누워 속살을 보여주 며 앙탈을 부린다. 원숭이들도 권력자가 다가오면 겁먹은 표정을 지 으면서 몸을 떨거나 싱글거린다. 알랑거리는 행동이 인간의 전유물만 은 아닌 것이다.

위계는 집단을 이뤄 사는 사람을 포함한 거의 모든 동물사회에서 나타난다. 질서가 없는 사회는 멸망한다. 서열이 있는 곳에선 예외 없

이 아첨이 발견된다. 둘이 모이면 위·아래가 생기고, 셋만 모여도 리더가 나타나는 이치는 사람이나 동물이나 똑같다.

침팬지 암컷에게도 섹스는 전략적 아부의 수단이다. 암컷은 실력자를 다독거리려고 엉덩이를 추켜세워 성기를 보여준다. 그런데 발정기엔 관계가 역전된다. 호의를 얻으려는 수컷이 음식을 바치고, 암컷의 털을 골라준다.

사람의 아부도 침팬지의 아첨과 마찬가지로 **DNA**에 아로새겨진 본성이다. 다만 언어를 사용하고, 문명을 이룬 인간의 아부는 동물의 그것보다 복잡하다. 교활한 영장류의 혈통을 이어받아 진화한 인간은 면전에서 아첨하는 사람을 신뢰하지 않는다. 그래서 잇속에 맞게 행동하는 데 능숙한 사람은 '전략적으로 찬사한다'.

비너스는 전설의 사자왕 천하를 기억하는 유일한 암사자다. 천하는 호랑이의 시대(1992~94년)를 끝장낸 포철과 왕위 다툼(1995~2000년)을 벌이면서 사파리를 태평성대로 이끈 초원의 절대자. 천하의 시대엔 호랑이와 사자가 덜 다퉜다. 사육사들은 천하를 성군, 천하 집권기를 평화의 시대로 기억한다. 천하가 물러난 뒤 순식(2001년 집권), 여비(2002~2004년 집권), 아이디가 차례로 비너스를 차지했다.

시베리아호랑이 십육강(7세, 수호랑이)은 '호랑이의 시대'를 알지 못한다. 1992년 호랑이와 사자가 합사된 뒤 한동안은 호랑이가 천하를 호령했다. 떼로 몰려다니면서 사자들을 두들겨 팼다. 사자들은 후미진 곳에서 공포에 떨었고, 호랑이들은 제멋대로 초원을 쏘다녔다. 호랑이는 본래 독불장군(獨不將軍)인데, 1992~94년엔 떼로 몰려다녔던 것이다.

아이디가 왕위에 오른 뒤 비너스의 권력이 정점에 올랐을 때 와일드 사파리는 1국(國)체제였다. 아이디가 비너스를 흠모하며 맹수제국을 다스리는 사자의 천하. 사자들은 틈만 나면 호랑이를 때리고 괴롭혔다. 비너스와 카시오(10세, 암사자)가 주로 다툼을 부추겼는데, 싸움이랄 것도 없었다. 녀석들은 심심할 때마다 수사자를 이끌고 호랑이 구역으로 몰려가 호랑이들을 패주었다. 호랑이들은 도무지 뭉칠 줄 몰랐다. 동생이 사자에게 공격을 당해도 형이 모른 척하는 게 호랑이다. 유아독존(唯我獨尊).

백호는 성정이 급한 뱅골호랑이와 달리 싸움을 잘 하지 않는다. 수태가 가능한 '그날'엔 무리의 우두머리가 암컷을 독점한다. 사자 암컷은 '센 놈'의 씨를 받아 '센 놈'을 낳으려고 한다.

호랑이왕국과 사자왕국이 합사한 초기 집단 공격이라는 이상 행동을 보이던 호랑이들은 1995년께 본성을 되찾았는지 단독생활에 들어가면서 패배의 역사를 밟았다. 단독자(單獨者) 호랑이는 누구도 사자 집단의 상대가 되지 못했다. 호랑이는 야생에서 밀림 혹은 툰드라에 산다. 사자가 사는 초원과 달리 밀림, 툰드라에선 단독생활이 유리하다. 형제나 부모도 호랑이에겐 친구가 아닌 적(敵)이다.

사자는 고양잇과 동물로는 특이하게 떼로 싸움을 벌인다. 야생에선 적게는 5마리, 많게는 30마리가 모여 산다. 호랑이보다 사자가 사회성이 높은 것이다. 사파리에서 사자가 오랫동안 호랑이를 압도한 것은 뭉칠 줄 모르는 호랑이와 사자 집단의 쟁투였기 때문이다. 한국인은 사회성에서 호랑이를 닮았는가, 아니면 사자에 가까운가.

호랑이의 시대는 1995년 수사자 포철에 의해 끝났다. 호랑이들을 하나둘씩 때려눕힌 포철 그룹은 왕가(王家)로 격상됐다. 그러나 포철에겐 호적수가 있었다. 포철-천하의 왕위 다툼은 엎치락뒤치락 6년 동안 이어졌다. 천하는 호랑이와 사자를 하나로 아울렀다. 비너스는 세 살 때이던 2000년 천하의 품에서 권력의 맛을 보았고, 수컷 다스리는 법을 익혔다.

앞서 언급했듯 맹수의 권력욕은 영토, 암컷, 먹이에서 비롯한다. 실력자는 발정기의 암컷을 거의 독점하고, 초원을 제멋대로 쏘다닐 수 있다. 다만 사파리에선 하루 5kg 가량의 닭고기가 주어지고, 가끔씩 토끼고기·돼지고기가 공급되는 터라 권력과 먹이의 상관관계는 엷다. 그러나 권력을 가지면 영토와 암컷을 맘껏 차지하는 것은 야생과 똑같다.

수태가 가능한 '그날'엔 왕이 발정 난 암컷을 독차지한다. 고양잇과 맹수의 암컷은 볼품없는 수컷에겐 몸을 좀처럼 허락하지 않는다. '센 놈'의 씨를 받아 '센 놈'을 낳으려고 한다. 왕은 암컷이 '그날'을 맞으면 종일 그 암컷 곁에 머무르면서 20~40회 '러브'를 한다. 하루 60회 넘게 암컷의 질에 성기를 집어넣는 녀석도 있다. 한 차례 '섹스'에 걸리는 시간은 20~60초.

수태가 가능한 '그날'

화무십일홍(花無十日紅). 영원한 권력은 없다. 권력 남용은 권력 붕괴의 씨앗이다. 사자, 호랑이 암컷은 25일 전후로 발정이 온다. 발정 기간은 5~7일. 암컷의 발정기는 개체마다 다르게 마련이다. 그렇다 보니 왕은 날마다 새로 발정한 암컷을 품어야 한다. 그러다 보면 아랫도리 힘이 약해진다. 절대 권력의 쾌락이 쿠데타의 빌미가 되는 것이다.

동물 세계에서 보스는 대체로 덩치가 크다. 사자무리에선 갈기털이 무성한 놈이 대장일 가능성이 높다. 사파리에 이웃한 몽키밸리 다람쥐원숭이 무리의 대장은 홍만이(10세, 수컷). 홍만이는 다른 수컷보다 10cm가량 몸집이 크다. 녀석은 5년 넘게 권력을 틀어쥐고 있다. 다람쥐원숭이들은 봄 햇살을 받으면서 호들갑스럽게 나무를 타고 있었다.

다람쥐원숭이는 영장목 감는꼬리원숭잇과의 포유류다. 사자, 호랑이보다 사람과 가깝다. 영장목 동물들의 권력투쟁은 맹수들의 그것보다 사람을 더 많이 닮았다.

사자는 식육목 고양잇과의 포유류로 진화 과정에서 사람과 엇갈린

지 오래다. 사자는 같은 고양잇과의 호랑이와도 그다지 가깝지 않다. 표범, 재규어가 사자와 같은 속으로 서로 사촌뻘쯤 된다. 영장목 사람과로 분류되는 인간과 가장 가까운 동물은 영장목 성성잇과의 침팬지로, 인간과 침팬지의 관계는 침팬지와 고릴라, 원숭이의 관계보다 훨씬 가깝다. "침팬지는 권력을 다툴 때 음모와 술수도 부린다. 한바탕 폭력이 지나간 다음엔 그루밍(털, 깃털 등을 쓰다듬고 고르는 행동)과 포옹으로 평화도 만든다"(프랜스 드 발, 동물행동학자).

홍만이는 왜 덩치가 클까? 몸집이 커서 대장이 된 걸까, 대장이 된 뒤 체격이 커진 걸까. 다람쥐원숭이는 보스가 되면 덩치를 키우는 호르몬이 분비돼 몸이 분다. "내가 무리의 대장"이라고 몸으로 웅변하는 셈. 침팬지 다음으로 사람과 가까운 고릴라의 대장은 왕위에 오르면 등쪽의 털이 은색 또는 회색으로 변한다. 권력을 장악하면서 털색이 럭셔리하게 바뀌는 것이다. 그래서 고릴라 왕(王)을 실버백이라고 부른다.

기린 무리에선 목이 가장 긴 녀석이 대장이다. 기린도 왕위를 차지하면 목이 길어진다. 사람도 권력을 가지면 '더 큰 것'으로 자신을 치장하면서 돋보이려고 한다. 프랑스의 사회철학자 장 보들리야르는 "사람은 상품의 효용을 소비하는 게 아니라 권력관계를 나타내는 상품의 이미지를 소비한다"고 말한다. 플라톤은 이렇게 말했다. "통치자에게는 금(金)이 섞였고, 수호자에게는 은(銀)이 섞였으며, 생산자에게는 동(銅)이 섞였다."

홍만이가 밀웜(딱정벌레 애벌레)의 달콤한 맛을 즐길 때 다른 원숭이들은 톱밥을 씹었다. 밀웜이 '금'이라면 톱밥은 '동'이다.

홍만이는 틈날 때마다 다른 수컷의 등 뒤에 올라탔다. 사람의 암컷,

수컷이 섹스할 때 후배위라고 부르는 자세다. 동성 간의 성행위가 떠오른다. 마운팅이라고 불리는 이 행위는 대장이 하위계급에게 서열 관계를 일깨우고, 부하들을 훈계하는 것이다. 다람쥐원숭이 무리의 새끼는 모두 홍만이의 자식이다. 다른 수컷들은 섹스를 할 수 없다.

유전자를 후대에 퍼뜨리려는 욕구는 풀, 나무를 포함한 모든 생물에게 각인된 본성이다. 그렇다면 하위계급의 맹수는 성욕을 어떻게 풀까?

괴물의 등장

사자는 호랑이보다 승자독식(勝者獨食, the winner takes it all)이 덜 엄격하다. 왕이 잠을 자거나 먹이를 먹을 때 서열 낮은 수컷이 짝짓기를 한다. 암컷은 '센 놈'에게 복종하면서도 기회가 생길 때마다 바람을 핀다. 호랑이는 '센 놈'이 거의 모든 암컷을 독식한다. '그날'에 하위 수컷이 암컷에게 접근하면 그 녀석은 대장에게 멍들만큼 맞는다. 어느 사회에나 간 큰 녀석은 있게 마련이다. 맞아 죽을 각오로 권력자의 눈을 피해 '거사'를 벌이는 호랑이 수컷도 없지 않다.

동물의 세계에서 희귀하면서도 이상한 제도가 일부일처제다. 금실 좋기로 소문난 원앙과 기러기도 실은 바람둥이다. 부부의 연을 맺은 직박구리 암수는 '마주 운다'. 부부가 함께 울어 마치 한 마리가 우는 것처럼 들린다. 이 소리는 청아하면서도 포근한데, 오랫동안 함께한 부부일수록 화음이 더 아름답다. 그런데 녀석들도 모노가미(monogamy, 일부일처제) 신봉자는 아니다. 흘레붙을 때는 모노가미로 보이지만 실제는 폴리아모리(polyamory, 비독점적 다자연애)인 것이다.

지도자가 악행을 저지르면 백호가 광포해진다고 민담은 전한다.

하이에나는 사자나 호랑이를 두려워하지 않는다. 지구력이 좋아 야생에서도 사자에 크게 밀리지 않는다.

평생 짝을 지어 다니는 부부로는 두루미(鶴)가 있다. 녀석들은 한 번 부부의 연을 맺으면 배우자가 숨을 거둘 때까지 좀처럼 한눈팔지 않는다. 금실을 자랑하는 다른 새들이 짝짓기할 때만 '찐하게' 사귀는 반면, 도포를 입은 선비를 닮은 두루미들은 짝을 바꾸지 않고 해로(偕老)한다. 배우자와 사별한 두루미는 재혼하기도 쉽지 않다. 이혼한 녀석이 거의 없기 때문이다. 부부가 바람피우지 않고 백년해로하면 학처럼 산 것이다.

수사자는 호랑이 암컷을 사랑하기도 한다. 수사자 사롱과 암사자 명랑은 라이거를 낳았다. 정신이상이라거나, 성적 취향이 독특하다고 하기엔 둘은 너무도 애틋했다. 일부일처(一夫一妻)처럼 늘 붙어 다녔고 질기게 사랑했다. 사롱은 수사자와 호랑이의 공격으로부터 명랑을 보호했다. 사롱과 명랑은 암으로 세상을 떠났다.

사롱과 명랑의 딸 크리스(19세, 암라이거)는 요즘 외롭다. 얼마 전 한 배에서 태어난 오빠 라피도가 죽었기 때문이다. 라피도는 사파리의 괴물이었다. 덩치가 사자, 호랑이보다 한 배 반쯤 컸다. 사자, 호랑이는 라이거와의 싸움에서 적수가 되지 못한다. 라이거는 호랑이의 순발력과 사자의 파워를 함께 물려받는다. 크리스는 사람 나이로 80세를 코앞에 뒀다. 부모의 업보 탓인지 라이거는 자식을 낳을 수 없다. 호랑이와 사자의 잡종은 2세를 만들지 못한다.

수호랑이와 암사자의 자식인 타이온은 동물원에서도 좀처럼 태어나지 않는다. 수호랑이는 암사자에게 무관심하다. 타이온은 체구는 작지만 '깡'에선 어떤 맹수에게도 뒤지지 않는다.

약육강식의 쿠데타

10월의 어느 날 사자왕 아이디가 낮잠 자는 동안 비너스와 쿠쿠가 수런거렸다. 그 사이 카시오가 비너스 흉내를 냈다. 사자들을 이끌고 호랑이 구역으로 향한 것. 비너스도 뒤늦게 무리에 합류했다. 호랑이들은 혼비백산했다. 암호랑이 들호는 바위 꼭대기로 올라갔으나, 그곳도 속수무책이긴 매한가지였다.

그러나 단 한 마리의 호랑이는 예외였다. 십육강. 녀석은 배를 땅에 붙이고 어깨를 곧추세웠다. 호랑이의 힘은 수염에서 나온다. 수염은 공기의 흐름을 잡아내는 더듬이 구실을 한다. 광포하게 호랑이들을 윽박지르던 테크노가 십육강이 올라앉은 바위에 올라탄다. 십육강은 수염을 세우고 자세를 낮춘 뒤 으르렁거렸다.

일대일 맞장. 십육강은 타고난 싸움꾼이었다. 이날 십육강은 사자집단의 2인자를 무찔렀다.

호랑이는 싸울 때 사자보다 빠르다. 치고 빠지는 전법을 구사하는데, 뒷다리로 버티고 서서 앞발 둘로 연거푸 가격한다. 호랑이는 뒷발이 앞발보다 길어 '원투 스트레이트'가 가능하다. 순발력에서도 사자보다 앞선다. 사자는 앞발 하나를 축으로 세워놓고 다른 발로 공격한다. 체중이 상체에 쏠려 있고 앞가슴이 발달했기 때문이다. 그래서 주먹의 파괴력은 사자가 호랑이보다 강하다.

십육강은 호랑이의 장점을 살렸다. 테크노의 혹을 피한 뒤 안면을 연거푸 가격했다. 십육강이 가공할 이빨을 드러내며 위협하자, 테크노가 쩔쩔매면서 꽁무니를 뺀다. 이빨은 최후의 일격. 상대가 타격을 입고 큰 약점을 보이면 이빨로 숨통을 끊는다.

싸움에 끼어들지 않은 아이디가 잠에서 깨어나 포효했다. 사파리의 호랑이와 사자들이 언제 소란을 피웠냐는 듯 조용해진다. 하지만 십육강은 달랐다. 싸움질할 때처럼 자세를 낮추고 아이디를 노려보았다. 사강을 품에 안은 쿠쿠도 아이디가 못마땅한 눈치다. 제법 어른 흉내를 내기 시작한 쿠쿠의 갈기털이 일어섰다.

십육강의 별명은 그때까지 '마을 이장'이었다. 순박한 데다 멍한 구석도 있었다. 그런 녀석이 맹수제국의 2인자를 때려눕힌 것이다. 그로부터 두 달 후 십육강은 아이디마저 무찌른다. 그 뒤로 사자들은 후미진 곳으로 밀려났고, 호랑이들은 제멋대로 쏘다녔다.

'사자와 호랑이 싸움의 승자는?'이라는 말초적 호기심의 정답은 '살아남은 놈이 강하다', '힘센 놈이 이긴다'는 것이다.

시베리아호랑이는 덩치가 커 사자와의 일대일 싸움에서 유리하다. 십육강은 호랑이 집단의 유일한 시베리아호랑이. 녀석은 몸무게가 230kg이 넘었다. 사자 수컷은 210kg, 벵골호랑이는 180kg이 나간다. 십육강이 본색을 드러내기 전까지 맹수제국의 권력다툼은 덩치가 작은 벵골호랑이와 사자의 싸움이었다.

흥망성쇠(興亡盛衰)

영원할 것 같던 사자제국은 무너졌다. 사람의 권력이 그러하듯 성한 것은 쇠하게 마련이다. 호랑이들은 더 이상 비너스를 두려워하지 않았다.

'사자 제국'을 무너뜨린 십육강은 그전까지 '호랑이 자치구'의 우두머리였던 호비(8세, 수호랑이)도 무릎 꿇렸다. 초원의 절대강자로 등극한 것이다. 암호랑이들은 이제 십육강에게만 아랫도리를 허락한다. 십육강은 사자들의 구박으로부터 암컷들을 지킨 호랑이 집단의 영웅이다. 마을 이장이 권력의 정점에 오른 것이다.

사람으로 치면 고자(鼓子)인 수사자 유로(5세)의 처세술은 기묘하다. 저보다 약한 사자, 호랑이 앞에서는 수사자로 행세하고, 기운이 센 맹수들 앞에서는 암컷처럼 교태를 부린다. 유로가 속살을 보여주며 어린 수컷들의 관심을 끌자, 질투심이 동했는지 니케(5세, 암사자)가 유로의 등가죽을 물어뜯는다.

암사자 니케는 비너스를 쏙 빼닮았다. 수사자와의 스킨십이 비너스만큼이나 능숙하다. 또래의 수사자들은 니케의 옆자리를 차지하려고 벌써부터 아귀다툼을 벌인다. 니케는 자신의 시대를 예비하고 있다. 자글거리는 흙에 등을 비비면서 아픔을 달래는 유로의 모습이 서글퍼 보였다. 녀석은 싸움을 하다가 성기를 잃었다.

십육강은 틈만 나면 아이디와 테크노를 두들겨 팼다. 벼락출세한 십육강은 광포했다. 이빨을 드러내며 사자를 위협했다. 맹수들의 싸움은 대개 주먹질로 끝난다. 패배한 녀석이 꽁무니를 빼면 대개 그냥 놔둔다. 하지만 십육강은 달랐다.

물론 그대로 물러설 비너스가 아니었다. 비너스에겐 젊은 수사자 쿠쿠가 있었다. 그런데 쿠쿠와 십육강의 싸움 역시 싱겁게 끝났다. 아이디, 테크노, 쿠쿠가 차례대로 십육강에게 꼬리 내린 것이다. 아이디, 테크노, 쿠쿠는 떼로 십육강을 공격하지 않았다. 공동의 적에 맞서기보다는 자기들끼리 싸우기 바빴다. 뭉칠 줄 모르는 호랑이의 행태를 보인 셈이다.

십육강은 결국 사람에 의해 거세됐다. 최강자인 사람이 맹수의 적자생존에 개입해 녀석을 우리 안에 가둔 것이다. 녀석이 싸움을 할 때 이빨을 자주 드러냈기 때문이다. 사육사들이 '지프'로 싸움을 말리는데도 녀석이 공격을 멈추지 않는 일도 있었다. 십육강은 권력을 남용했다. 사람 세상에서도 촌부(村夫)가 벼락권력을 쥐면 십육강처럼 행동하는 경우가 있다. 권력에 취해 돈, 여자를 탐하다 망신당한 사람도 많다.

잘 뭉치는 백호

십육강이 축출되면서 권력은 비너스에게로 돌아왔다. 호랑이들은 구석진 곳으로 쫓겨났으며 사자들은 예전처럼 호랑이를 윽박질렀다. 벵골호랑이 세강(9세)이 이따금 반항했지만 아이디-테크노 형제의 적수가 되지 못했다.

다시 권력을 쥔 비너스는 예전만 못했다. 비너스의 등짝은 발톱 자국투성이다. 큰 싸움을 벌이는 수사자들과 달리 암사자들의 몸엔 상처가 별로 없다. 비너스가 상처 입은 것은 탤런(8세, 암사자)을 비롯한 암사자들의 공격 때문이다. 세월의 흐름은 속일 수 없는 법. 비너스도 늙었다. 털색은 짙어지고 얼굴엔 검버섯이 피었다.

백호 칸은 십육강을 닮았다. 백호는 고구려 벽화와 경복궁 영추문(西門)에 그려졌다. 백호는 갈색털 호랑이와 다르게 잘 뭉친다. 싸움을 즐기지 않지만 한번 붙으면 물러서지 않는다. 민담은 "백호는 사람을 해치지 않는 영물이다. 하지만 지도자가 악행을 저지르거나 인륜을 거스르는 일이 많아지면 광포해진다"고 전한다. 전설 속 백호는 오늘의 한국을 어떻게 느낄까?

홍비(7세, 암백호)가 성기를 잃은 수사자 유로에게 싸움을 건다. 홍비는 백호답지 않게 공격성이 강하다. 백호 암컷인 엔젤(6세)과 평화(4세)가 홍비에게 혼쭐이 났다. 엔젤은 털색이 백호 중에서도 하얗다. 몸 관리를 잘한다. 녀석은 평화 전도사다. 대결보다는 화합을 좋아한다. 불안한 모습을 보이는 동료가 있으면 몸을 비비면서 안정시킨다. 갈색털 호랑이에겐 잘 나타나지 않는 행동이다.

백호는 성정이 급한 벵골호랑이와 달리 싸움을 잘 하지 않는다. 하지만 같은 종끼리만 그렇고 다른 종과 맞닥뜨리면 성격이 달라진다. 백호 수컷은 몸무게가 195kg으로 사자와 정면 승부를 벌여볼 만하다. 사자는 백호를 호랑이와 다른 종으로 여긴다. 아직은 탐색기여서 백호왕국과 사자왕국은 큰 싸움을 벌이지 않았다. 사자들이 백호 구역을 침범하지 않고 있는 것.

권력의 끝

1995년 포철이 집권한 이후 맹수제국의 대장은 포철－천하－포철－천하－포철－천하－순식－여비－아이디－십육강－아이디－여비로 이어졌다. 그중 십육강만 호랑이다. 칸은 십육강처럼 맹수제국의 절대자가 될 수 있을까. 녀석의 호적수는 비너스를 빼닮은 암사자 니케다.

비너스는 사파리를 떠났다. 사파리 밖 동물원 우리에 갇혀 사람의 구경거리가 됐다. 힘이 쇠하고 약해진 녀석은 옆구리를 땅에 깔고 누워 있었다. 사람 나이로 비너스는 예순이다. 검버섯이 더 늘었으며 피부색은 더 짙어졌다. 나들이 온 한 어린이가 말했다.

"아빠, 저 사자는 어디가 아픈가 봐."

비너스의 시대는 끝났다. 신록이 바람에 흩날리고 있었다.

도움말: 권수완 에버랜드 동물원장, 한국두루미네트워크 이기섭 박사, 정상조 에버랜드 사육사, 문인주 에버랜드 사육사, 강철원 에버랜드 사육사, 송영관 에버랜드 사육사, 황수전 전 에버랜드 사육사. 이영원 전 에버랜드 사육사

::호랑이
- 학명: Panthera tigris
- 분류: 식육목(食肉目) 고양잇과의 포유류
- 분포지역: 한대, 열대, 온대

∷사자
- 학명: Panthera leo
- 분류: 식육목(食肉目) 고양잇과의 포유류
- 분포지역: 아프리카, 인도

참고문헌

『강아지 탐구생활』, 요시다 에츠코 저, 정영희 역, 랜덤하우스, 2011.
『세계 최고의 개 65』, 토미자와 마사루 저, 신재원 역, 하서, 1994.
『애완견 가이드』, 모리 요시오 저, 문연숙 역, 2000.
『세계의 명견들』, 데이비드 테일러 저, 윤태영 역, 시공사, 1999.
『개에 대하여』, 스티븐 부디안스키 저, 이상원 역, 사이언스북, 2005.
『개의 사생활』, 알렉산드라 호로비치 저, 구세희 역, 2011.
『동물매개치료』, 안제국 외 8인, 학지사, 2007.
『한국의 개』, 하지홍, 경북대학교 출판부, 2003.
『풀하우스』, 스티븐 제이 굴드 저, 이명희 역, 사이언스북스, 2002.
『아름다운 생명의 그물』, 이본 배스킨 저, 이한음 역, 돌베개, 2003.
『시턴동물기』, 어니스트 톰프슨 시턴 저, 윤소영 역, 사계절, 2011.
『아문센과 스콧』, 피에르 마르크 저, 배정희 역, 비룡소, 2005.
『남극의 대결』, 아문센과 스콧, 라이너-K 저, 배진아 역, 생각의 나무, 2007.
『삼국지』, 나관중 저, 황석영 역, 창비, 2004.
『거시중국사』, 黃仁宇 저, 홍광훈·홍순도 역, 까치, 1997.
『이야기 중국사』, 조관희, 청아출판사, 2003.
『중국사 100장면』, 안정애·양정현, 가람기획, 2002.
『21세기 먼나라 이웃나라 중국편』, 이원복, 김영사, 2011.
『조선과 일본의 7년전쟁』, 이이화, 한길사, 2000.
『일본의 역사』, 민두기, 지식산업사, 1986.
『서양사총론』, 차하순, 탐구당, 1975.

『로마인 이야기 한니발 전쟁』, 시오노 나나미 저, 김석희 역, 한길사, 1997.
『스키피오 아프리카누스』, B. H. 리델 하트 저, 박성식 역, 마니아북스, 1999.
『이야기 세계사 1』, 김경묵·우종익, 청아출판사, 2003.
『이야기 세계사 2』, 구학서, 청아출판사, 2003.
『하치 이야기』, 신도 카네토 저, 박순분 역, 책이있는마을, 2010.
『히틀러』, 홍사중, 한길사, 1997.
DOGS, David Alderton, Dorling Kindersley Book, 2000.
Know your dog, Bruce Fogle, Dorling Kindersley Book, 1997.
Eyewitness guides, Juliet Clutton Brock, Dorling Kindersley Book, 1995.

이강원

건국대학교 축산경영학과를 졸업하고 같은 대학에서 박사학위를 취득했다. 농촌진흥청 연구
사 출신으로 다양한 분야의 공직생활을 하면서도 개와 동물에 대한 연구를 구준히 하고 있
다. 현재 애견전문 블로그 Kangsdogs를 운영하며 동물저널리스트로도 활동 중이다. 이번 책
이 잘 돼서 조만간 속편으로 독자들과 다시 만나기를 기원하고 있다.

송홍근

고려대학교 사회학과를 졸업했다. 북한대학원대학교에서 북한경제를 공부했다. 1931년 창간
한 월간지 ≪신동아≫에서 기자로 일한다. 남북경협을 비롯한 북한경제 기사를 주로 써왔다.
틈날 때마다 개, 동물을 주제로 글을 적어 왔다. 살아 있는 모든 것을 사랑한다. 오후 햇살처
럼 따사롭고 오케스트라 연주처럼 조화로운 세상을 꿈꾼다.

김선영

이화여자대학교 보건교육과를 졸업하고 전북대학교 수의대에서 석사과정을 마쳤다. 현재 건
국대학교 수의대에서 박사공부를 하고 있으며 바쁜 직장생활에도 틈틈이 ≪주간동아≫ 등에
개에 관한 글을 기고하는 등 동물저널리스트로도 활동 중이다.

Dog

사람과 개가 함께 나눈 시간들

초판인쇄 | 2012년 8월 31일
초판발행 | 2012년 8월 31일

지 은 이 | 이강원·송홍근·김선영
펴 낸 이 | 채종준
펴 낸 곳 | 한국학술정보㈜
주   소 | 경기도 파주시 문발동 파주출판문화정보산업단지 513-5
전   화 | 031) 908-3181(대표)
팩   스 | 031) 908-3189
홈페이지 | http://ebook.kstudy.com
E-mail | 출판사업부 publish@kstudy.com
등   록 | 제일산-115호(2000. 6. 19)

ISBN   978-89-268-3705-4 03040 (Paper Book)
           978-89-268-3706-1 05040 (e-Book)

이담 Books 는 한국학술정보(주)의 지식실용서 브랜드입니다.